U0113662

纵横精华

故居留芳

刘未鸣 刘 剑 主编

寻访名人旧邸
阅尽历史沧桑

中国文史出版社

目 录

韶山毛泽东旧居陈列馆怎样建成的

———————

胡青坡

1962 年 9 月上旬，我突然接到省委宣传部的通知，要我到毛主席的家乡韶山去，审查毛主席旧居的陈列，准备国庆节接待外宾参观。奉命前往的除了我这个新来的文化局局长，还有省委宣传部副部长方克、部队政治干校党史教研室的马玉卿及历史研究所的同志等。

从长沙到韶山约 90 公里，坐车要两个小时，临近韶山村，平地变为丘陵，树木逐渐多了起来，道路弯曲也多了。一个急转弯之后，突然进入了一个山口，两旁都是山，与我同来的同志说："到了。"他还指着北面的山坡说："1959 年毛主席回来时，还问起这边的大树呢？"只可惜，大树早在大跃进的时候大炼钢铁中被砍倒作柴烧了。

车子在山口对面的招待所停下来。在招待所东南靠山的地方有几间小房子，原是韶山文化馆，因时常有外宾、国内的知名人士及附近的群众来参观，文化馆被改为毛主席的旧居陈列室。其间有几件实物，如当年毛主席用过的农具、读过的《孟子》（上面写着"泽东"的名字）、毛主席当年借阅的《盛世危言》，还有些毛主席青少年时代的图片，稀

毛泽东韶山故居

稀拉拉地陈列着。

由此向北，靠山的西面有一条土公路，通到上屋场毛主席旧居。旧居是一幢坐南朝北呈凹字形的房子，有三间东屋，三间南屋，三间西屋。东屋是毛主席的父母、毛泽民、毛泽覃和毛主席住过的房子。据旧居工作人员闻作云介绍，毛主席在这里召开过韶山支部会议；毛主席少年时，常在这里挑灯夜读，当年用的桐油灯还摆在一个小桌子上。东南角上有一间标明是客房，但很小。介绍人私下对我说，其实这是毛主席家请零工或长工住的房子，哪有客房比自己住的房子还差的呢？为了不讲毛主席是富农出身只有这样。东屋背后是仓库，是盛谷和放农具的地方，农具相当齐全。仓库背后是坡地，坡地上有竹有树，环境相当优美，那里还竖着一个木牌，上面标明毛主席在此种过菜。另有一个打谷场，是毛主席劳动过的地方。而南屋门上悬着一块木制匾额"毛泽东同志旧居"，西屋据说是别家的。南岸的北面是一个不小的水塘，据说毛主席就是在这里学会了游泳。

浏览一番之后，由方克主持，开了一个座谈会，大家提了些意见。马玉卿说："这些展出的材料，是不能说明毛主席成长为一位伟大的革命家的。毛主席并不是生而知之的，也不是一开始就是共产主义者，他原是激进的民主主义者，以后读了马克思主义的书，加上十月革命的影响才成为马克思主义者……展出应该说明这个过程。"因为离国庆节只有 20 来天，众人提出意见也很难做大的改进，方克讲了讲就散会了。

1963 年 12 月底，中南局宣传部召开会议，我与方克参加。会议期间，在看望中南局宣传部部长李尔重时，我对他说："韶山应该着重建设一下，与毛主席的伟大相比，现在的陈设是很不相称的。我去过中山县翠亨村孙中山先生的故居，那就有气魄了。无论如何，韶山也应该建设成一个游览胜地。"李尔重部长也说："韶山的建设还没有开始，有些图片不要再送了，实在拿不出手！你文化局要管嘛！去找秦雨屏同志（湖南省委宣传部部长），他不能解决问题，再找延春同志（湖南省委第二书记），总之，要省委下决心就好办了。"后来，中南局第一书记陶铸也对我说过"韶山要加紧建设"的话，使我备受鼓舞。

1963 年 8 月 7 日，湖南省委书记徐启文召集会议，传达了省委关于韶山建设的决定："成立一个韶山管理局，王忆忱任局长，王亦民任副局长；要拟定一个十年规划，建设一个陈列馆；毛主席旧居要保持原貌。"

为了搞好毛主席旧居陈列馆的规划，我们从广州请来了搞设计的金泽光工程师。金泽光，广东人，50 多岁，皮肤有点发黑，身体微微发胖。当时湖南酷热，他乍从海边的广东来到内陆盆地长沙，还真有点受不了，尽管电扇开着，还是汗流不止。

见面寒暄之后，我把省委的决定向金泽光作了介绍，他提出到现场看看之后再考虑，于是我请李洪文同志陪他前往韶山。

8月24日7时，我去韶山，看望金泽光和其他二位工程师。见面之后他们讲，韶山的耕地面积少，不好再占用农民的土地，房子尽量不盖或少盖，要盖的话，就开辟山坡，还要保持树林，如果毁了树，韶山的景致也就减弱了。现在的矛盾是，招待所放在对着进山口的地方不好看，太暴露，一进门就看到"韶山招待所"的大牌子，大煞风景。如果不搬动，就在招待所前面栽上高树或者楠竹，把它隐蔽起来。韶山陈列馆建在毛主席旧居西北方向的平台上气象站处，在那里修建不占耕地，面积也不小。毛主席旧居前面要加以美化，房子不动，但在屋前栽一些观赏植物还是可以的，使参观的内外宾来到以后有一种美的感受。

金泽光在韶山的考察任务已基本结束，加以天大旱，韶山没有水洗澡，他笑着对我说："已经一个礼拜没有洗澡了，没想到长沙这么热，在广州最高温度才35℃，晚上有海风，可以睡觉的。这里却不行。"所以，他只好回长沙去继续从事设计工作。

9月1日早晨7时，我与方克陪同金泽光回到长沙。下午金泽光向省委汇报了拟定的计划：把现有的招待所改建一下，内宾、外宾、群众分开，前面用大树遮住，并设喷水池；陈列馆建于现在的气象站，把现在的陈列室改为群众招待所；在韶山学校旁边建一个礼堂，学校与韶山管理局共用。各有关厅局也提了方案，一并交韶山管理局去综合。

既然省委定下来而且设立了韶山管理局，该我们做的事情，比如筹备陈列馆的事，我们尽量去做。我们一方面组织力量赴京，通过组织邀一些画家来韶山作画，我个人也给比较熟识的罗工柳写信请他来，因为他是一流画家，完全可以担负这个任务。11月3日，得到省委通知，决定次日在韶山开会，各有关厅局，湘潭县区委书记、韶山的支部书记都参加，座谈陈列馆建设的意见和规划。于是，我又陪徐启文书记一同匆匆赶去韶山。

在会上，王忆忱局长汇报了韶山的全面建设计划，各有关部门也都讲了他们的规划和问题。比如交通局规划把湘潭市至韶山的交通不但改土路为柏油路，而且由于急转弯太多，不太安全，要裁直，但是这样又占一些农田，该怎么办？林业局提出在公路旁植树，植何种树，收益如何与农民分成？农业局计划投资把区委、公社都建设好，倘有外宾来访的同时要求参观人民公社就不必另外安排了，并提出在韶山扩种茶叶；商业局提出扩大百货公司，出售韶山瞻仰纪念品。总之，真是"八仙过海"，竞相做出自己的贡献。我们是负责建设"毛主席旧居陈列馆"的，也说了说现在准备的情况。会议决定，第二天分头去看现场。

11月5日上午，我跟着徐启文书记先去看毛主席旧居西面叫作南岸的山地。他打算在此建陈列馆，因为这里离旧居很近，看了旧居随时可以到陈列馆来，就如孙中山先生故居后面有陈列馆一样。但顾虑的是，在这里竖起一座建筑物，旧居的原貌怕难保持了。我们去气象站看，那里不但离旧居远，而且要修公路又要占不少农田，地势又是一下一上起伏不平，花费太大；也在入口处山坡上引风亭看过，打算在这里修建一所饭店，接待参观的群众解决他们的食宿。

在下午的会上，徐启文书记向到会的县、区委和公社、大队的负责同志讲了建设韶山的意义。他说："我们的国际威望很高，毛主席是受到世界人民尊重的领袖，韶山是红太阳升起的地方，一些友好国家的革命领袖或者国家的领导人对于韶山的建设提出过善意的意见，督促我们把这里建设好，中南局领导也督促过我们。因此，省委决定成立韶山管理局，动员各有关厅局共同来建设，用十年的时间把这里建成一个优美的大花园。要建设好韶山就要发动当地的群众以及沿途的群众，支持这个建设，参加建设，大家共同努力才行。我们一定要把韶山建设得符合毛主席在国际上的地位，符合他是中国人民伟大领袖的地位……"

11月6日上午，我们驱车在西面高山中弯弯曲曲向西南行。在约行4公里的峡谷中有一个叫作"滴水洞"的地方，这里建有一栋很讲究的二层楼房；一进门是一个大厅，可以开一二十人的会议，也可以作舞厅，地板都是打过蜡的。这是给毛主席特意修建的，好让他回家来有个住处。据说1959年6月23日毛主席回韶山是住在松山招待所，当时没电灯，毛主席的《七律·到韶山》是在蜡烛光下写的。我随徐启文、蒋贵先、王忆忱来这里，是选择地基，打算在楼房旁边建设一个小厨房。

蒋贵先比较内行，他说："应该建在大房之后，距离又不远的地方。菜炒好之后，随即端上，不失其热，不影响味道……"并指着大房之后的北面山下，认为那块地方可以。

徐启文书记仔细观察一番，又用脚步量出距离后说："就在这里吧，要给平化同志（湖南省委第一书记）说一下。"

我与王忆忱跟着看，没提出什么意见。

忽然，王忆忱指着西北方向的一个高山头上，对我说：

"你看哟。那个山头上是主席家的祖坟，埋着他老爷爷或者爷爷……"

"啊！"我惊讶了，"那么高怎么上去的？"

"当地人这么说的，因为风水先生说那个地方风水好，果然，未满三代就出了主席这个伟大的人物，既然风水好，高也要上的，也是有办法上去的。"

我们几个都默默地笑了笑，显出一种不可置信的表示。

韶山真正有成效的建设开始是1964年。1963年以前只能算作酝酿阶段，虽然进行了这样那样的工作，也只能算是做了一些准备工作。但在这一年多的过程中，从领导到群众在思想上都认识到韶山建设是刻不容缓的了，事情就好办了。

1964 年 1 月 2 日，我刚从广州回到长沙即收到文化局社会文化处处长孙策从北京写来的信，说请美术家来湖南为韶山作画恐怕会落空，因为延安、井冈山的同志都到北京请画家到毛主席活动纪念地去作画。北京方面的意见是先支持湖南，但结果如何尚不得而知。这下难办了，但幸好我在广东时，已拜托中南局宣传部代为邀请一些画家来。

1 月 7 日，省委通知我去湖南宾馆看看陶铸同志从广东派来的工程师，他们是为韶山设计而来的。我到宾馆不久，省委第二书记王延春亦赶来看望他们。

这次的设计人员阵容强大，一行七人由广东省基建局局长廖伟带队，内中有大学教授、讲师。金泽光总工程师也来了，他带来了一卷详细的图纸，铺开来供大家研究。我向大家介绍了一年来进行的情况。廖伟传达了陶铸书记的指示："1. 在韶山原有的基础上改建和扩建；2. 要有文化气氛；3. 把韶山建设成一个大花园，参观者来后有看的、有吃的、有住的、有玩的、有带的（纪念品）；4. 建设要有湖南风格，而且是湖南农村风格，不要搞成小城市，农村的风貌不能变；5. 陈列馆外表要朴素，白墙灰瓦，内容可以讲究些、舒适些，陈列馆建设预计在人民币 40 万元之内，招待所可用人民币 70 万元……"

1 月 10 日下午，我陪同工程师们到韶山，住在滴水洞，第二天开始察看地势。工程师们先到毛主席旧居，73 岁的余总工程师一定要照一张全景式照片，说回去让孙子看看公公去了毛主席的出生地。所到各处，大家都看得极为仔细。

1 月 14 日徐启文书记来到韶山，与我们一起研究陈列馆究竟设在哪里合适。当时大家提出了几个方案，各述其利弊：1. 在毛主席旧居后面的山坡上修建，好处在于离旧居近，看过旧居就去看陈列馆方便，但是如果再修建一座即使是农村风格的大房子也会把旧居给衬托下去了；

2. 在南岸的房后修建，好处在于离旧居近，但是面积不能大，盖成二层楼也太突出，影响参观者的注意力；3. 在气象站修建，那里有一个平台，背后树木不少，环境优美，但要修公路，而且要经过农田，不利于当地农民生活；4. 在陆家湾南面的松林里修建，那里更优美，可惜毁林太多……经过反复考虑，互相争论，决心仍下不了，但是大家逐渐把在主席旧居附近修建的方案否定了。因为这里的地形与广东中山县翠亨村不同。孙中山先生的故居是两层小楼房，周围也比较空旷，在它的东北面修建陈列室是完全可以的；而韶山毛主席旧居的地形条件完全不同，前面是水池，后面是小山，东面是毛主席劳动过的场所，西面也是人家。选点在气象站、松林的方案，后来也被排除。最后徐启文书记拍板："就在陈列馆原地改建扩建，把原来的小房子拆掉，按照陶铸同志指示的原则重新设计。这里离旧居虽远一点儿，但是国内外的客人都会有车，群众的交通问题我们也可以逐步解决。大家以为怎样？"这正像一个人想搬家，但找来找去没有合适的房子，还是回到原地来反而觉得舒服些。于是大家都表示同意，工程师们也认为后面的山是石山，既没有耕地也没有树木，不损害群众的利益，可以放心地去发展。于是一扫犹疑不定的气氛，会场立刻活跃起来了。

地点选定之后，接着就初步提出陈列馆要建 1200 平方米。工程师向我们要具体内容的详细资料，徐书记和我商量，提些什么？

"我们哪里有呢？现在还未来得及研究，这要请政治干校的马玉卿同志来，他是研究党史的，对主席思想比较熟悉，而我们现在还未来得及组织研究呢！"

"那也不能等啊！"徐书记说，"我们先商量一下，提个大概。我们不提出来，人家就没法进行设计。"

"徐书记，依我看，现有的这个展出轮廓算作基础，可以在这个基础上加以扩展。比如说，可不可以提出以下几个陈列室。综合馆，展出时代背景，即毛泽东思想是在什么样的情况下产生的；毛主席的家族，来韶山参观首先要知道的是这个方面；毛主席在韶山的革命活动；毛主席在湖南的革命活动；毛主席回韶山的情况；其他，为了准备将来的发展可留下一两间房子……"

"就这样吧！"他说。"干这个事可不是容易的，这是个挨骂的事！"

我愕然了（我原以为是受人尊敬至少会说是做了一件好事的），于是说："不见得吧！怎么会呢？"

"这里是国内外许多人都要来的地方，各人有各人的观点，各人有各人的爱好。七嘴八舌，你能说他们都说一样的？还有，今天说房子盖得好，过几年又说不好，说不好的时候就想起我们来，要骂人的！"

"这也没办法！随他们去说吧！"

事后，我从韶山打电话给省文化局，请他们先把搞韶山陈列内容的同志们组织起来，赶快拟出提纲，以便与工程师具体商谈。回长沙后，我们又组织了一个韶山陈列馆内容设计领导小组，由佟英同志任组长，我与历史研究所副所长王学膺同志参加，陈列馆馆长拟请马玉卿同志担任，另外还组织了一个班子，拟出提纲分头去收集材料，包括到中央档案馆、中央宣传部。

工作是分头进行的，工程师们设计完成之后于 1 月 22 日向省委汇报，不仅有平面图，而且有陈列馆的彩绘效果图，着实好看，也符合平化同志要求的"庄严、朴素、美观、大方"。张平化书记征求省委其他负责同志的意见后，说道："同志们为韶山的建设设计付出了相当大的劳动量，特别是余老 70 多岁了，不辞辛苦远道而来。大家都是为了一个目的，把韶山建设得更好。为此，我代表省委向大家表示感谢！我同意这个方案，要按照陶铸同志的五条方针进行改建扩建，建设的重点应是陈列馆和招待所。大家到韶山来，看看房子，无非是普通农民的房子，要想看到毛主席的事迹和毛泽东思想，还得靠陈列馆。陈列室可以设七个，留两个室备发展之用。每个陈列室内容都要充实，陈列馆是最重要的地方，是进行系统教育的地方，应有的尽量要有，可以不考虑是否与长沙等地重复不重复的问题。陈列内容要系统全面，多收集些实物，哪怕是复制品也好，再加上照片图表之类就丰富起来了。韶山现在的陈列与毛主席的伟大不相称，也就是说现在的陈列不能介绍出毛主席的伟大。现在的陈列可以介绍到上井冈山，大部分材料应该是在湖南的活动，以后还可以考虑，将来要变成党史展览。具体陈列的主要内容，请方克同志好好地管一下。8 月 31 日举行预展，10 月 1 日开放……"他又说："请中南工作组的同志回去后详细向陶铸同志汇报，还可以按他的意见再作修改，如果他同意，就定下来了。"

方针任务确定之后，我们即抽调干部成立了韶山陈列馆办公室，由马玉卿、孙策、李洪文共同负责拟订陈列计划并外出收集材料，另外还要组织一批画家包括油画、国画、水粉画以及其他等等，围绕毛主席的革命史作画。关于技术设计，则请省基建局孟局长共同确定。徐启文书记对我说："10 月 1 日一定要展出。你去北京要人（要画家、雕塑家）、要钱，因为韶山的建设文化部应负责。"但是我把这个意思向局里讲述的时候，计划处副处长黄英华说："我刚从北京回来，文化部不会给钱的。他们问，韶山建设是谁指示要办的，没有文字的批示是不行的。"

这事说起来也有意思。我们也曾想到过，没有中央的批件，谁敢做主进行这样的建设呢？但是，若写这样一个报告给中央，便不可能不给毛主席看，毛主席如果批个"不办"，此事就没有希望了。不仅使我们为难，参观的群众、外宾远道来韶山，所得的印象却是如此之平淡，也不会满意，起不了什么宣传的作用。因此，我们决定不向中央写报告，也是中南局陶铸、省委张平化等主要负责同志定了的，这样当然不会有中央的批件。文化部不会给钱，早在意料之中，但是徐启文书记既然要我去北京，我也只好去，并且有一种力量鼓舞着我去。但是去之前要做好几件准备工作：要有韶山的设计蓝图；要有陈列的详细提纲；要有省委的详细介绍信。

3月26日，我到了北京。3月28日晨，我去文化部徐平羽副部长家，当说明来意后，他立即拒绝说："不行，韶山不能盖陈列馆，那会破坏纪念地的原貌！"

"不在主席旧居的地方，而是离旧居老远的地方……"

"有中央的批件吗？"

"没有……"

"没有，就不行……"

"你听我说说嘛……"

我把省委和中南局的意见向他陈述了以后，他仍不同意。我又把蓝图铺在他的桌子上，边指给他看边解释，他这才有所松动，但称要和文物局副局长王书庄详细谈谈。

我又约文化部计划财务司局长谈，反正是要钱嘛！他说没有钱，并要我们的计划，我给了他一份。大约是他跟徐光霄副部长谈过了，所以徐部长于3月31日上午约我到他办公室去。他首先说明，他弄不清韶山建设是怎么回事？只知国务院外办发过一个通知，说4月至10月不要安排外宾去韶山参观。我便把韶山建设的来龙去脉说了一遍，着重说了一些参观者不满的反映，以及中南局、省委的指示决定，建设的方针任务等等。徐部长听得很仔细，不断提出问题要我答复，听完以后说："文化部和中宣部都不能承担这个责任，非有中央的批示不好办事，所以请你们以省委的名义向中央写报告。"

中央宣传部的态度也是一样不给解决问题。4 月 1 日中央宣传部理论处陈道同志与我接谈时说："没有中央的批件，像韶山这样的地方，没有人敢动的，中宣部担不起这个担子。莫说部长们不在家（谁知道是真是假，我给周扬、林默涵写过信），即使在家也是一样。主席关于自己的事都要自己管。去年，他的诗如何发？何日见报？谁先转载？他都要自己过问，还有主席的文章，各地要学习，打算批准印，但是到中央就不行了，没有批准。所以，没有中央的批件，一件都无从谈起。"

夜晚，我用长途电话向湖南方面汇报。因为徐书记的意见，是请文化部和中宣部向中央请示，怕省委请示中央，毛主席不同意搞，所以要我去说通。虽然他也曾说过"要不来钱，就不要回来"的话，但这只能是说明决心，不能当真。事到如今，他当然还是同意我回去，下一步如何，由他和平化书记商量一下再说。

所幸的是罗工柳答应和我一同去湖南，他还给自己去韶山提出三个任务：一指导建筑；二组织绘画；三自己作画。我当然高兴，到底是在同一根据地待过的老同志肯支持我们。

回到长沙，徐书记告诉我说，他和平化书记已经谈过了，决定自己干。中南局陶铸书记也说："中南局出 50 万元，湖南省委出 50 万元，不正式请示中央，待有机会向总理等中央领导同志作口头请示，在这个问题上犯不了错误。"

罗工柳同志来到长沙后，曾提了一个很好的建议，即建立一个陈列馆筹备办公室，因为任务紧，只有六个月的时间，如果不抓紧可能完不成任务！这个建议很快得到领导同意，并决定由孙策同志负责。

为抓紧完成任务，以马玉卿为首，很快组织编写出了具体的陈列提纲，然后他们便分成几路去收集材料。马玉卿到北京中宣部和中央档案局、解放军总政治部、新华社等有关机关收集历史材料，还听取了有关部门的意见。他们认为宣传毛主席的革命实践，所有各纪念地如井冈山、延安、西柏坡等都不如韶山的条件好，它们只能是部分地展出，而韶山却有条件展出毛主席的全部革命斗争史，全国只有这么一个地方最方便这样做。这是一个很重要的意见，以致改变了我们陈列的指导方针。

6月19日上午，徐启文书记找我们谈话。他说："已看过陈列方案了，如果陈列内容是给毛主席做传记，那可不是开玩笑的，等于给他做鉴定，政治性最强了。我考虑，不可过分说他是天才、先知，必须结合当时的环境而又说明他与别人不同，结合条件讲他个人，才容易使人信服。毛主席是平凡又伟大的，是平凡与伟大的统一。还要向平化同志汇报一下，预展后请大家再提意见，最后定下来。陈列室的家具设计要和整个气氛合拍，客厅要富有艺术性。陈列室的讲解员可以给12个编制，但要找些水平高的如中学教员之类的人来担任，而小姑娘肯定是不行的。"这些指示都很重要，第二天我们在开会讨论这个提纲时就传达了，提纲本身也就通过了。第三天徐启文书记来审查。他看得很细致，大部分都通过了。他对于陈子云的油画很称赞，这位年轻的画家画毛主席青年时代作农村调查的形象很生动，有光彩。

6月24日，我们向平化书记汇报，平化书记表示同意陈列提纲。他还说，关于历史文件中有的人后来变坏了（如周佛海）的文章目录，可以存在，这是历史嘛！关于毛主席谈论过的书要摆就摆他亲自读过的书，向中央请示毛主席的早期著作，要有了材料以后再请示。

当时，关于陈列中反面材料的问题，不只是周佛海的问题。首先碰到的是陈独秀的右倾机会主义，是否把它陈列出来？其次是李立三"左倾"机会主义是否摆出来，大家看法不一。有的同志认为要相信群众的判断力，摆出来无妨！有的同志认为摆出来就要进行解释，群众并不都是懂得党史的，而要讲清楚很费时间，不摆可能好些，省得犯错误挨批评。的确，经过历次政治运动，谁敢在这个大问题上着边呢！

8月，马玉卿等去广州向陶铸书记汇报陈列内容及其准备工作，请他审查，顺带连陈列馆的名称也请他定一下。他定为"毛泽东同志旧居陈列馆"，拟请郭沫若同志题写。

9月初，陶铸、张平化两书记来韶山，审查韶山陈列馆的展览内容。此时离10月1日没有多久了。如果要小修改问题不大，大修就怕来不及了。当时，我因病未能前往，是由胡代炜同志去的。事后听说，他们肯定了这次展出的内容，但张平化书记提出，没有收集刘少奇同志的材料是个原则性的错误，为此大家紧张了一阵，赶快补足。那时的七个陈列室还空着两个，当然不妥。陶铸书记提出，可搞成军事馆和文艺馆，因为毛主席的思想是靠武装斗争和思想斗争取得胜利的。于是马玉卿又准备重新去北京征求意见与材料。不消说，这是很复杂的问题，不仅内容丰富，一间房子表现不出来，而且有些问题也不大好办，比如作家与作品从何时算起，取舍如何而定呢？以后陶铸书记未坚持，也就没搞。

9月28日晚7时半，我到了韶山，即去"毛泽东同志旧居陈列馆"。陈列馆的外观是湖南的农村风格，白墙灰瓦，门高大宽敞，巍然壮观，真正是朴素大方；走进去后无论墙壁地板都是很漂亮的，所有上墙的展品镜框整齐，大小匀称，雕塑也形象生动；陈列室次第上了山坡，又缓缓地下来，形成一个院落，其中有水池可以养鱼，空地可以植树，美化了环境。总之这一切都符合陶铸书记的指示精神——我们终于把韶山陈列馆建设起来了，它可以满足国际友人、兄弟党和国内同志的要求了。

9月29日上午，我再次去陈列馆，这一次看得比较细致，看到了一些过去不知道的东西。毛主席教育家人于革命——一家六位烈士的事迹生动感人；毛主席青少年时期寻求中国革命道路的精神和思想也很有教益；毛主席在1925年时填的一张表上写着"本人信仰共产主义，主张无产阶级专政"，这在当时是很了不起的；《湘江评论》、《新民学会通讯集》，八七会议以后拟定的《秋收暴动提纲》等历史文献都是珍贵的……

韶山陈列馆开馆以后，前来参观的人越来越多。1963年接待了1万余人，1964年接待了7万余人，1965年接待了21万余人。当看到那么多的国内外的同志和朋友，怀着对毛主席的尊敬心情前来韶山参观，我们是多么高兴啊！

（湖南省政协文史办供稿）

周恩来在两淮的故居

———————

马超骏

淮阴是江苏北部腹地的中心城市，京杭大运河穿城而过。市区清江浦，明代中叶以后为漕运要津、南船北马交会之所，曾有"九省通衢"之称。清乾隆间始为清河县治，河道总督署也设置在这里。所属淮安市在其东南 15 公里，清时为淮安府及山阳县治，并置有漕运总督署。这里就是被人民称为"人民的好总理"的周恩来幼年时生活过的地方。周恩来曾经这样描述他的故乡："淮阴古之名郡。……清时海运未开，南省人士北上所必经之孔道也。"（《飞飞漫墨》）

周恩来在淮安的故居

周恩来在淮安的故居即出生处，位于淮安市区镇淮楼之西北隅，由东西相连的两所宅院组成，均为青砖小瓦木结构平房。东院临驸马巷，是周恩来诞生和幼年生活过的地方；西院临曲巷，现辟为"周恩来同志

周恩来淮安故居内景

纪念展览"。

　　周恩来的曾祖父名周樵水，本居浙江绍兴宝玉桥百岁堂。他生子五人，四子攀龙（字殿魁，号云门）便是周恩来的祖父。

　　周攀龙兄弟先后都定居苏北，他本人曾任山阳县令，在任所，与他二哥合买下驸马巷的一处房屋作为居所。这房屋便是周恩来的出生处。

　　周攀龙有子四人。长子贻赓，字曼青，在东北奉天（辽宁旧称）度支司担任过科长一类的职务。次子贻能，后改名劭纲，字懋臣，即是周恩来的父亲。他学"师爷"不成，只得背井离乡外出工作，曾在湖北、河北、齐齐哈尔等地做过小职员，薪俸微薄，无法赡养家庭。周恩来八岁那年（时居清江浦），周劭纲经人介绍到湖北做事，月薪只16元。周恩来的母亲临终前，他都没来得及回来见面。

　　周恩来生母万氏，是清河县知事万青选的女儿，1877年生于淮阴。她在同宗族中排行第十二，人称"十二姑"。她从小性情开朗，聪敏能

周恩来淮安故居外景

干，未出嫁时就主持万府的家务，20岁到周家，又勉力支撑起这个破落大家庭的家务，因而也使之得以于开朗直爽之中，养成精明果断的处事能力。这对少年恩来才干的增长，当然产生过积极的影响。

周恩来养母陈氏，亦是淮阴清江浦人，出生在书香门第。她自幼善书画，好诗文，具有比较广博的知识和较深的文学修养。她是周恩来的小婶母，嫁到周家仅一年，周恩来的小叔父周簪臣便去世了。他去世之前，出生刚八个月的周恩来便被过继到他名下作为嗣子。小叔父死后，婶母陈氏便把大鸾（周恩来的乳名）当作唯一的精神寄托和生活希望。她既是慈母，又是良师。在周恩来三四岁的时候，她就开始启蒙教育，教他读书写字。五岁左右，就教他学习唐诗宋词，熟读"谁知盘中餐，粒粒皆辛苦"等诗句。周恩来后来说："我过继给叔父，由守寡的叔母抚养。她是受过教育的女子，常给我讲故事，如《天雨花》、《再生缘》。我好静的性格是从她身上承继过来的。但我的生母性格爽朗，我的性格也有她的一部分。"

六岁时，周恩来进入淮安的一家私塾开始读书。

进入周恩来故居大门，右首就是周恩来幼年读书的地方。左转跨过一道方形腰门，便是周恩来父母住过的面南三间房屋。东首一间为周恩来父母居室，即周恩来诞生处。屋里的铜脸盆、油灯、被褥等简朴陈设，仍按当年的原样陈放。

横穿一条狭长的走廊，便见周家主屋，是周恩来祖父的住处。南边有两间亭子间，分别为周恩来养母陈氏和乳母蒋江氏的住屋。

周恩来出生时生母因病无奶哺育，家中特请了乳母蒋江氏，周恩来一直亲切地称她为蒋妈妈。她住在淮安城东郊，家境清寒，勤劳俭朴，心地善良。她不光常常带周恩来走门串户、访亲拜友、逛庙会、赶集市，使周恩来有机会广泛接触社会，而且还不时手把手地教幼年周恩来从事一些简单的家务和生产劳动。

院内有幼年周恩来劳动过的菜园。他从这里最初接触到农业生产知识，从收获大白菜的过程中，享受到丰收的喜悦。菜地附近有水井，周恩来当年使用过的小木桶还留在井栏边。井沿的石栏上，有一道道棕绳磨出的痕迹，那是周氏族人长年汲水留下的印记。1958年，周恩来接见淮安县委负责同志时，还曾亲切地询问："我家那口水井还在吗？淮安地下水位很高，只要系上几米长的绳子就能把水打上来。"

西宅院（周恩来二叔祖父周亥祥住房）现辟为周恩来同志纪念展览陈列室、周恩来外祖父家字画展室、周恩来外交风采展览室、周恩来书画苑和周恩来墨迹碑廊。

周恩来生前曾一再要求淮安县委将自己的童年住房拆掉，他从不愿意宣传自己。但是，"桃李不言，下自成蹊"，对一个为人民鞠躬尽瘁、死而后已的人民公仆，人民是不会忘记的。自1979年3月5日，周恩来故居对外开放以来的 20 年间，已有近千万中外宾客走过这条古老而幽深的小巷，来到故居，寻觅伟人的足迹，寄托他们思念的情怀。

周恩来在淮阴的故居

周恩来在淮阴的故居（又称周恩来读书处）在淮阴市清河区十里西长街，坐北朝南，面对大运河，隔河即是清江浦楼。

周恩来的外祖父曾任清河县令，居于此。周恩来的生母万氏在生活困难的境况下，常带着孩子在娘家居住。周恩来六岁那年，他们全家迁居清江浦。先是寄居在外祖父家，不久即搬出，在外祖父家西边不远的地方租赁了 14 间屋定居下来。

这 14 间屋便是周恩来总理在淮阴的故居。有主堂屋两进，其间有厢房，后面还有一处精致的小花园。父亲不在家时，母亲带着两个弟弟住堂屋，周恩来便跟着过继母住下堂屋，而东厢房就是他的书房，厢房门前的那株腊梅，便伴着他在此晨昏攻读。

周恩来从小天资聪颖，博闻强记，除读"四书"、"五经"外，更爱看多种传记、小说、游记、诗词。他自己说过："12 岁以前，我受的完全是封建教育……我的知识，许多都是从看小说得来的。她（指养母陈氏）总让我看小说。"当时，周恩来找小说看极为方便，因为他外祖父家里藏书很多，从诗词歌赋、通鉴野史，到古今小说、说唱文学都可以找到。像《东周列国志》、《三国演义》、《水浒传》、《西游记》、《说岳全传》等书，他更是读得津津有味。

今天，我们来到这梅花树下，厢房门前，还可以依稀想见周恩来童年临窗就读的情景。

周恩来童年在淮阴时，常过河登清江浦楼，观楚天风云，览运河水色，他对河上终日往来劳作而不得温饱的船夫，以及背着纤绳、沿大运河堤艰难蹒行的纤夫，寄予着深切的同情。他仰慕爱国英雄，常去凭吊岳飞祠庙。后来在南开读中学时，他还在《敬业》学报上撰文，讲童年在淮阴的岳飞祠庙中看到有人题诗说："一自金牌颁十二，常教血泪洒英雄。奇冤长恨埋三字（即'莫须有'），和虏终惭失两宫。南渡江山悲逝水，北征鞍马付秋风。低徊往事成千古，祠宇空余夕照红。"深感"其辞则凄凉欲泪，意则新颖出群，不落窠臼，少陵太白殆兼而有之"（周恩来所著《飞飞漫墨》，曾发表于《敬业》杂志）。这说明他童年读诗文小说绝不浮泛，而且在思想上有着很深的感受。

1907 年，周恩来九岁，母亲、过继母相继因病去世。当时父亲在湖北未归，母亲的灵柩暂厝于离家不远的古庙中，周恩来曾护送过继母之灵赴淮安使与叔父周簪臣合葬。由于父亲谋生在外，不能养家糊口，周恩来遂与两弟迁回淮安自家祖屋居住。

周恩来童年在淮阴度过了三四年时间，他在这里接受了早期教育，对他后来的生活道路产生了深远的影响。

1988 年，淮阴市政府对周恩来在淮阴的 14 间故居进行了整修，并于 3 月 5 日周恩来诞辰纪念日，以"周恩来读书处"为名正式对外开放。

寻访朱德同志在德国哥廷根的故居

孙奎贞

　　今年是伟大的无产阶级革命家朱德同志诞辰 123 周年。20 世纪 20 年代初，朱德曾留学德国，在那里留下了革命足迹。20 世纪 80 年代和 90 年代，笔者曾先后两次担任中国驻德国波恩《经济日报》记者，20 多年前曾专门寻访过朱德留学德国哥廷根市的住所，并在国内首先进行了报道。

　　记得那是 1986 年 5 月的一天，在当时生活在德国汉堡、中国著名外交家王炳南原配夫人王安娜女士的介绍下，笔者和夫人专程去拜访多年来为搜集朱德同志在哥廷根及德国其他各地学习、生活的有关资料的该市档案馆负责人库恩女士。

　　库恩女士很热情地接待了我们，她把档案馆中保存的所有有关朱德在哥廷根的资料和文献都拿了出来。她说：你们是第一个来哥廷根了解朱德情况的中国人。

　　1922 年 10 月，朱德同志抵达工人运动蓬勃发展的德国。他首先在柏林落脚。在这里他结识了先期抵达欧洲，当时正在柏林进行革命活动

朱德留学哥廷根时期的故居

的周恩来同志。朱德向周恩来倾诉了自己的革命志向，并强烈地表达了加入中国共产党的愿望。周恩来将朱德视为志同道合的战友，欣然介绍朱德加入了中国共产党，朱德成为中国共产党欧洲支部的一名正式成员。而后，朱德同志进入哥廷根大学学习。后因革命斗争需要，朱德又回到柏林，直至 1926 年回国。

库恩女士向笔者介绍，经过多方面的了解，朱德到哥廷根来，是同中国留学生联络，可以说是从事政治活动的。20 世纪 20 年代哥廷根的外国留学生不少，其中 20% 是中国人。当时他们还成立有"哥廷根中国学生会"，向德国人民介绍中国的情况，争取德国人民对中国民主革命的同情。哥廷根警察局的档案，曾记载他们向警方提出游行并散发传单的申请，传单的题目叫《中国发生了什么事情?》。库恩女士还拿出一张朱德同这些街头活动过的中国留学生的合影照片。照片上的 35 人中，朱德在前排右起第四个位置上。可以想见，他是留学生中受爱戴的中坚人物。

我们还看到了当年朱德在警察局申报户口的登记卡复印件。由户口卡得知，并通过查阅历史档案了解到，朱德 1923 年 5 月 4 日抵达哥廷根，先后在两处租房居住。我们亲眼所见，户口登记卡左下方的二寸照片就是我们所熟悉的朱德。他身着西装，系着领带，浓眉下一双眼睛炯炯有神。在迁入日期一栏内记录着朱德先后居住的两处地方。朱德初到哥廷根，住在文德·朗特路 88 号，约五个月后迁至普朗克街 3 号，在这里住了一年两个月零二十天。1924 年 12 月 21 日迁出哥廷根。从朱德本人用钢笔填写的哥廷根警察局户籍卡和哥廷根大学入学注册表上，可以看出他苍劲有力的笔迹。户籍卡上标明，朱德 1885 年 11 月 6 日（实际应是 1886 年农历十一月六日，可能系笔误）生于中国四川，父亲系教员，本人为哥廷根大学社会学哲学专业学生，"学历"一栏写的是高中毕业。在"最近原居留地"一栏内，写的是"柏林，维尔莫斯多尔夫"。

朱德自 1923 年 5 月 4 日先住在哥廷根文德·朗特路 88 号。这是 1901 年建在车水马龙的大街上的一座很普通的红色三层楼房，最上一层带有阁楼。我们当时参观时，楼房刚粉刷一新。它当时属于萨托里斯公司所有，是经理人员的办公场所。库恩女士介绍说，朱德当年就住在楼上。笔者在楼上一个不大的房间停留了许久，揣摩着朱德当年在这里度过的艰苦学习和斗争岁月。

紧接着我们又驱车顺道参观了朱德曾经就读的哥廷根大学的办公大楼和当年社会学系的原址。60 多年过去，此地已是物是人非。这里有的都是现代化的办公设施，哲学系的学生正静静地在教室上课，只看到几个进出大门的男女学生。

随后，我们又径直来到普朗克大街。该街的 3 号是朱德 1923 年 10 月 1 日至 1924 年 12 月 21 日住过的地方。这里环境幽静，周围的绿树上不时传来悦耳的阵阵鸟鸣。这是一座红砖砌成的德国老式楼房。顶端也有一间阁楼。这座建筑有上百年的历史，早于朱德先前住过的楼房。进楼后，顺着木质的楼梯拾级而上，二楼左侧的一间便是朱德当年的居室。墙上糊着贴花壁纸，地板由宽木条拼铺而成，房子正准备修缮。推开阳台门，下边是葱绿的耐寒草坪。站在这里，仿佛眼前出现朱德在勤奋攻读，过着俭朴的学生生活的情景。之所以这么揣摩，是因为笔者在 20 世纪 60 年代初，在民主德国莱比锡大学作研究生时，经受过清苦的德国大学生活。

当时的房主是旅居过锡兰（现在的斯里兰卡）的勒德曼一家。笔者记得，在库恩女士推荐下，在这次寻访四个月之前，笔者曾赴汉堡采访了朱德在普朗克街房东的女儿克勒木老人。当时她虽已 93 岁高龄，但记忆仍然清晰。她对笔者讲，她父亲曾在德国外交界任职，出任过驻亚洲国家外交官，1903 年买下普朗克街 3 号这栋房子。朱德住进来时，她已出嫁，每逢过节假日，她便同丈夫回娘家去住几天。克勒木老人回忆说，朱德为人友善、谦虚，热情好客。她记得，朱德多次邀请她和丈夫到自己房间，品尝他亲自烹调的咖喱食菜和中国式大米饭。克勒木夫妇还经常品饮朱德浸煮的中国绿茶。

玛格丽特·克勒木还谈到，朱德那时很关心世界大事，曾同她丈夫讨论过军事战略问题，并向她讲述了中国的社会情况。新中国成立后，她从报纸上得知，当年这位房客成为了中国元帅，她对此感到由衷的高兴。她很珍惜这段往事，还保存着有关剪报。朱德同志 1976 年逝世的当月，克勒木老人还曾亲自写信给《哥廷根月报》，说她熟识曾住在她家的中国元帅朱德。笔者了解到，克勒木老人前些年已在德国汉堡去世。朱德曾经居住过的楼房的房产，现由克勒木的后代继承。

那次参访结束后，笔者很快在《经济日报》上进行了报道，引起国内的注意。同时，我们也获知，为了体现中德两国人民的友谊，为了永久缅怀朱德元帅，哥廷根政府征得克勒木家族和后代的同意，决定在普朗克大街 3 号楼房的前墙上镶嵌一面大理石纪念匾。这项计划已获得德国联邦政府外交部批准。哥廷根市业已拨款购置大理石料，加工完成后，准备于当年 12 月朱德诞辰 100 周年时正式举行挂匾仪式。

1986 年 12 月 1 日，在朱德同志 100 周年诞辰当天，哥廷根市举行了隆重的挂匾仪式。中国驻德国大使郭凤鸣、中国驻德国汉堡总领事王延义夫妇、笔者夫妇、《人民日报》驻德国记者江建国以及哥廷根市市政官员和众多的德国朋友都出席了这个盛会。

哥廷根市热情邀请朱德元帅的夫人康克清同志出席这个特殊的纪念活动。康大姐特致信库恩女士表示感谢：

我高兴地得知，在我的丈夫朱德同志诞辰 100 周年之际，你们将为纪念他曾在哥廷根大学学习而立一纪念匾，这体现了你们对朱德同志以及整个中国人民的友好情谊。我因公务和身体原因，很遗憾不能前来参加你们的纪念活动，谨在此向您和哥廷根大学的朋友们致以衷心的感谢。

祝愿中德两国人民间长存的友谊不断发展。

仪式上，哥廷根市市长发表了热情洋溢的讲话，他称赞朱德元帅对中国事业的贡献，并为朱德元帅年轻时在哥廷根生活与学习过而感到自豪。满头银发的市长还亲自登上梯子，为纪念匾揭幕。洁白晶莹的大理石上用德文镌刻着：

朱德中华人民共和国元帅故居（1923—1924）

在挂匾之前，市长还将该市关于为朱德元帅故居挂匾的决定以及有关档案、资料等文本复印件制成精美的册子，呈请郭大使代为转交中国有关政府机构。后来，听说这些文件材料都已保存在四川仪陇朱德博物馆。可能是由于笔者寻访和报道这件事吧，在笔者任职期满回国后，《经济日报》社的同志还曾交给笔者一封朱德博物馆的信件，向笔者继续征集朱德同志青年时代在国外的革命活动情况和材料。如今，哥廷根这座朱德曾居住过的小楼还完好地保存着，吸引着许多慕名而来的参观者和青年朋友。

李大钊故居

——文华胡同 24 号

———

鹿 璐①

　　李大钊同志是中国最早的马克思主义者和共产主义者，是中国共产党的主要创始人之一。他对中国人民的解放事业，对马克思主义的信仰和无产阶级的革命前途无限忠诚，永远是一切革命者的光辉典范。

　　李大钊（1889—1927），字守常，河北省乐亭县人。他七岁开始在乡塾读书，读书期间刻苦努力，深受老师的喜爱。1905 年考入永平府中学，1907 年考入天津北洋法政专门学校学习政治经济。1914 年 1 月，李大钊东渡日本，不久考入东京早稻田大学政治经济本科学习。在日本求学期间，李大钊一直积极参加爱国团体活动，也正是在这一时期，他开始接触社会主义思想和马克思主义学说。1916 年李大钊结束学业回国，立刻参与到正在兴起的新文化运动中。1917 年俄国十月社会主义革命的胜利使李大钊受到极大的鼓舞和启发。此后他发表了《庶民的胜

———

　　① 鹿璐，北京市档案馆馆员。

李大钊故居书房内景

利》《布尔什维主义的胜利》《新纪元》《我的马克思主义观》《再论问题与主义》等几十篇宣传马克思主义的文章和演讲。与此同时，李大钊还参加了《新青年》杂志编辑部工作，与陈独秀等创办《每周评论》，并主编了《晨报》副刊。同时，他还协助北京大学学生创办《国民》和《新潮》等刊物。1920 年 3 月，李大钊在北京大学发起组织马克思学说研究会。同年 10 月，在李大钊的发起下成立了北京共产主义小组。

1921 年中国共产党成立后，李大钊代表党中央指导北方的工作。此后在党的三大和四大上他都当选为中央委员。1924 年 1 月国民党一大召开，国共第一次合作。4 月，李大钊任国民党北京执行部组织部长。1924 年底，任中共北方区执行委员会书记。

1926 年，奉系军阀张作霖的军队进入北京。李大钊在极端危险和困难的情况下，继续领导党的北方组织坚持革命斗争。1927 年 4 月 6 日，

李大钊故居卧室内景

张作霖勾结帝国主义，悍然派兵闯进东交民巷苏联大使馆内西院旧兵营里的国共两党北方领导机关的驻地，逮捕了李大钊等革命者。4 月 28 日，在奉系军阀控制下的特别法庭，不顾广大人民群众和社会舆论的强烈反对和谴责，悍然判处李大钊等 20 位革命者死刑，并押解到西交民巷京师看守所内绞杀。行刑时李大钊毫不畏惧，镇定自若地在敌人的镜头前留下了最后一张照片，然后第一个登上绞刑架，从容就义。时年 38 岁。

1916 年，李大钊从日本回国不久就来到了北京。由于各种原因，他在北京的居所不断变换，大致算来共有八处。

刚到北京时，由于经济原因，李大钊始终处在不断搬迁的过程中。直到 1918 年春，李大钊到北京大学担任图书馆主任兼经济学教授后，生活境况逐渐好转，居所也逐渐安顿了下来，他便把妻子和儿女从河北乐亭老家接来同住。从 1918 年到 1920 年春，他们一家住在回回营 2 号，也就是现在的西城区闹市口南街一带。由于李大钊的革命活动引起了反动政府的注意和恐慌，他们屡次企图阴谋迫害李大钊。1920 年春，李大钊一家迫不得已搬到石驸马大街后宅 35 号居住，也就是现在的文华胡同 24 号。李大钊一家在这里住了四年。1924 年 1 月，一家人又被迫迁往铜幌子胡同甲 3 号。由于军阀政府通缉，随后李一家又不得不多次搬家：1924 年 1 月至 9 月，在铜幌子胡同甲 3 号居住；1924 年 9 月至 12 月，在丘祖胡同居住；1924 年 12 月至 1926 年 11 月，搬往府右街后坑朝阳里 3 号居住；1926 年 11 月，根据当时的需要，李大钊随着国共两党北方机关迁入东交民巷苏联大使馆西院的旧兵营内居住，直到 1927 年被捕。

石驸马后宅 35 号是李大钊在北京居住时间最长的一处。石驸马后宅在佟麟阁路的西侧，新文化街的北侧，是一条东西走向的胡同。35 号就在胡同的中段。这是一座小型三合院，有南北两院，李大钊一家住在北院。北院有正房三间。东间是卧室，中间是餐室，西间为长女星华的住处。院里还有东西耳房各两间、东西厢房各三间。长子葆华住在东厢房，其他两间主要安顿来往的亲戚和朋友，西厢房就是李大钊的书房和客厅。就是在这座不起眼的小院里，李大钊多次会见了共产国际代表，与他们交换思想。这期间，李大钊工作最为繁忙，他与邓中夏等人创立了马克思学说研究会，不久又成立了北京共产主义小组。这座小院子是这一系列革命实践活动的历史见证。

不仅如此，这座小院还是李大钊与妻子儿女在一起生活最快乐、最开心的地方。小院里有三棵海棠树，是李大钊亲手种植的。院子的南部是一片小花畦，李大钊在繁忙的工作之余，经常带着孩子们一起在这里种花种草，享受着快乐的时光。李大钊的次女、次子出生在这所小院子里。时隔八十多年后，李大钊的次子李光华老人曾回忆他们一家居住在石驸马后宅时的情景，那时他只有两三岁，依稀记得一些往事。记得姐姐李星华曾在这里跟父亲学唱歌，喜欢音乐的父亲有一架旧风琴，父亲和姐姐在雨中一起唱《少年先锋队歌》。直到现在，李光华老人都还记得这首歌曲。那时，李大钊不管工作多忙，只要一有空就和孩子们谈心，和他们一起谈古论今，和他们一起下棋、玩耍。冬天下雪了李大钊就带着孩子们在院子里一起堆雪人……

文华胡同 24 号——这座见证了李大钊生命中最辉煌、最快乐时光的小院，1979 年被定为北京市重点文物保护单位。2006 年，北京市决定对李大钊故居进行修缮，并作为李大钊纪念馆向公众开放。2007 年 5 月 8 日，在李大钊同志英勇就义 80 周年之际，李大钊故居正式开始对社会开放。

（全国政协文化文史和学习委员会供稿）

陈独秀故居：箭杆胡同 20 号

———
鹿　璐①

　　中国共产党的早期领导人陈独秀，是新文化运动的倡导者之一，被毛泽东称为"五四运动的总司令"。

　　陈独秀，原名庆同，字仲甫，号实庵，光绪五年八月二十四日（1879 年 10 月 9 日）生，安徽怀宁（今属安庆市）人。他幼年丧父，随祖父学习四书五经。光绪二十二年（1896 年）陈独秀考中秀才，次年入求是书院学习，开始接受近代西方思想文化。光绪二十五年（1899 年）因有反清言论被书院开除。此后陈独秀因一直进行反清宣传活动，受到清政府通缉，1901 年被迫从安庆逃亡日本，入东京高等师范学校速成科学习。1903 年 7 月，回国后的陈独秀在上海协助章士钊主编《国民日报》。1904 年初他自己在芜湖创办了《安徽俗话报》，宣传革命思想。1905 年组织反清秘密革命组织岳王会，陈独秀任总会长。1907 年陈独秀又赴日本，入东京正则英语学校学习，后转入早稻田大学。

————————————

　　①　鹿璐，北京市档案馆馆员。

陈独秀故居正门

1909 年冬任教于浙江陆军学堂。1911 年辛亥革命后不久，陈独秀任安徽省都督府秘书长。1913 年陈独秀又参加了讨伐袁世凯的"二次革命"，失败后被捕入狱，出狱后于 1914 年又到日本，帮助章士钊创办《甲寅》杂志。

1915 年 9 月，陈独秀在上海创办并主编了《青年杂志》（一年后改名为《新青年》）。1917 年初，他受聘为北京大学文科学长。1918 年 12 月，陈独秀与李大钊等人创办了《每周评论》。这期间，他以《新青年》《每周评论》和北京大学为主要阵地，积极提倡民主与科学，提倡文学革命，反对封建的旧思想、旧文化、旧礼教，成为新文化运动的倡导者和主要领导人之一。

五四运动后期，陈独秀开始接受和宣传马克思主义。1920 年初他来到上海，在共产国际的帮助下，首先成立上海的共产党早期组织。同时他还与各地的先进分子联系，发起成立了中国共产党，成为主要创始人之一。1921 年 7 月，中国共产党第一次全国代表大会在上海举行，陈独秀因故没有出席，但他仍然被选为中央局书记。从中共"一大"到"五大"，他均被选为中央委员，并先后任中央局书记、中央局执行委员会委员长、中央总书记等职务。

陈独秀是在 1917 年来到北京的，他主办的《新青年》杂志也随之由上海来到了北京。陈独秀来京后的寓所和《新青年》杂志编辑部就在东城箭杆胡同里，它的老门牌是 9 号，现在的新门牌是 20 号。

《新青年》杂志来到北京以后，影响更大了，编辑的队伍也壮大了。李大钊、鲁迅、钱玄同、刘半农、胡适、沈尹默、高一涵、周作人等都曾是新青年的编辑。胡适尚在美国时就与陈独秀有书信往来，并开始向《新青年》杂志投稿。此后，胡适又陆续发表一系列倡导文学革命的文章和书信，成了《新青年》颇具影响的撰稿人之一。胡适回国后到北京大学任教，当时他就住在离箭杆胡同不远的缎库胡同里，他的大部分课余时间都用来给《新青年》撰写稿件和参与杂志的编辑工作。鲁迅先生著名的白话文小说《狂人日记》当年也是在《新青年》上首次登出。1936 年毛泽东在延安和美国记者斯诺谈话时提起了《新青年》杂志。他说："《新青年》是有名的新文化运动的杂志，由陈独秀主编，我在师范学校学习的时候，就开始读这个杂志了，我非常钦佩胡适和陈独秀的文章，他们代替了已经被我抛弃的梁启超和康有为，一时成了我的楷模。"

为了找寻陈独秀在北京的故居和《新青年》编辑部旧址，笔者来到了箭杆胡同，它深藏在北河沿大街西侧的小巷里。胡同很短，也就十几米的样子。20 号是一座小院子，院门外有一对雕刻精美而又饱经风霜的老门墩。红色的院门平时紧闭着，只有翠绿的爬山虎从院里探出头来，给灰灰的院墙平添了一丝绿意。

院子很小也很寂静，整个院子挤满了自建的小房，使人很难窥见当年的格局。在院子里我遇到了院子的主人。主人姓孙，据他介绍，当年陈独秀来到北京后就租住在了他家。他家里最好的东院整个都租给了陈独秀。东院里的那三间北房是陈先生的办公室，三间南房是《新青年》的编辑部，《新青年》编辑部的牌子就挂在靠街门的那间小房外。陈独秀和李大钊等人正是在这所小院子里为开启中国青年新时代夜以继日地工作。陈独秀在箭杆胡同的寓所成了新文化运动的指挥部。

笔者指了指院里的老房屋和院门问孙先生："院子里的这些房子还都是原来的吗?"孙先生毫不迟疑地说："都是原来的，没有动过。"

2001 年箭杆胡同 20 号陈独秀故居被列为北京市文物保护单位。

从 1917 年陈独秀带《新青年》来到北京到他离开这里，箭杆胡同的这座小院子记录着陈独秀和《新青年》发展的历程。80 多年过去了，很庆幸这个小院子被精心保存了下来。

晚晴园里尽朝晖

——访孙中山南洋纪念馆

———————

张建立

　　中国民主革命的先行者孙中山在其一生革命生涯中，曾在南洋各地留下不少从事革命活动的史迹，新加坡的晚晴园即为一处。孙中山先生一生八次到新加坡，就有五次是住在晚晴园。新加坡人，特别是当地华人，都把这里看作孙中山先生在南洋的故居，看作孙中山南洋革命活动的基地。我作为《纵横》杂志的记者，在辛亥革命90周年之际，有幸采访了孙中山南洋纪念馆馆长冯仲汉先生，并在他的陪同下参观了正在进行最后整修的晚晴园，听他详细介绍了孙中山在南洋的活动及晚晴园的沧桑历史。

从明珍庐到晚晴园

　　自马里士他路北行，穿过一条浓荫遮蔽的小径，在亚佛路和大人路的交界处，便是一代伟人孙中山曾经生活与战斗过的地方——晚晴园。

孙中山南洋纪念馆

这座两层的欧式别墅始建于 1880 年。房主是一个姓梅的富商，洋房是他专为爱妻建造的。据说他的妻子芳名叫明珍，故命名为"明珍庐"。楼房呈"凸"字形，坐东偏南，在欧洲巴拉甸风格中融入了中国和马来西亚的风格，室内的陈设布置更是非常精致和富丽堂皇。后来，梅姓富商家道中落，便将明珍庐卖给了橡胶业巨头张永福。

张永福买下这座别墅的目的是供奉母亲陈宝娘养老。他取中国唐代诗人李商隐诗句"夕阳怜芳草，人间爱晚晴"里的"晚晴"二字，将"明珍庐"命名为"晚晴园"。

张永福是中国革命的热心支持者。当孙中山 1906 年来新加坡时，张永福便决定把晚晴园作为接待孙中山下榻之地。他首先向母亲说明了原委，并安排母亲与孙中山相见。陈宝娘与孙中山交谈之后，深为中山先生的革命气概所折服，毅然同意将晚晴园让出作为中山先生在新加坡从事革命活动的场所。

南洋革命活动基地

1906 年 4 月 6 日，孙中山在新加坡成立了同盟会分会，即以晚晴园为会所。宣誓仪式在晚晴园二楼举行。首先由孙中山举起右手宣誓，接着入会者轮流宣誓。宣誓完毕，孙中山解释三民主义的宗旨。同盟会新加坡分会的誓词是："驱除鞑虏，恢复中华，创立民国，平均地权。"与总会的宗旨完全一致。第一次宣誓入会的有陈楚楠、张永福、李竹痴等。4 月 7 日，林义顺、许子麟、刘金声、尤列、邓子瑜、谢心准、李晓生、李幼樵等加入。当日选出陈楚楠为会长，张永福为副会长。这是同盟会在南洋的第一个分会。

分会成立后，力量迅速壮大。一年内，新加坡分会会员即由成立时的十余人增加到 400 多人。由于"同盟会"的不断扩大，孙中山于这一年再次在晚晴园召集开会，重新起草会章，并重新改选。张永福被选为会长，陈楚楠为副会长兼财政主任。组织规模也比以前扩大了许多。革命党在南洋的势力蓬勃发展起来，南洋华侨社会的革命力量被组织起来，并开始与中国国内的革命力量遥相呼应。到 1908 年，同盟会在南洋的分会已经有 20 多个，会员有 3000 多人。为了使各分会之间易于联络和管理，孙中山奔波于西贡、新加坡之间，后来在新加坡又成立了同盟会南洋总支部。汪精卫、胡汉民等也陆续前来新加坡协助孙中山，并到马来西亚半岛和印尼等地宣传革命。

1910 年 11 月，孙中山携家眷由新加坡赴槟城。11 月 13 日，在槟城打铜街 120 号庄荣裕召开了著名的"槟城会议"。正是在这次会上，策划了翌年广州那场碧血溅黄花的壮烈起义。参加会议的有黄兴、胡汉民、赵声、孙眉、戴季陶，以及槟城的吴世荣、陈新政、黄金庆，怡保的郑螺生、李源水，瓜拉比劳的邓泽如等。在会上孙中山流着眼泪，呼吁大家给予无私支援，以再次在广州发动一次大的起义。他沉痛地表示，他已将自己的命运置于这次武装革命的成败之上，如果再度失败，他将从此归隐，不再过问世事。与会者都深受感动，决心重振革命精神，倾囊相助，当场就收到叻币 8000 元。会后在南洋各地展开募捐活动，使第二次广州起义得以如期进行。"黄花岗之役"虽然失败了，但它成为 1911 年 10 月 10 日武昌起义成功的先声。

1911 年 12 月，孙中山自欧洲乘船返回中国，12 月 16 日，途经新加坡，离船登岸，在码头迎接他的有陈楚楠、张永福、林义顺等人。孙中山与他的军事顾问荷马李将军住在陈武烈大厦。这是孙中山最后一次到新加坡。1912 年 1 月 1 日，孙中山在南京就任中华民国临时大总统，从此再未到访南洋。

见证新加坡历史沧桑

辛亥革命成功后，人事星散。加上张永福因一心支持革命，生意亏损很大，不得不将晚晴园卖给一位印度商人。印度商人买下后，并不去居住，晚晴园因此逐渐荒芜。新加坡的同盟会老同志，非常珍惜晚晴园那段光荣的历史。于是，六位有远见的老同盟会员李光前、陈延谦、李振殿、周瑞献、李俊承和杨吉兆共同出资赎回晚晴园。他们六人都是种植业和橡胶业的翘楚兼银行家，也是当地有影响的华人社团领导。他们将晚晴园交给中国政府管理。民国政府拨款修缮，并搜集文物，安放桌椅、中山先生铜像，于 1940 年元旦举行开幕典礼，供参观者凭吊瞻仰。

1941 年 12 月，太平洋战争爆发，1942 年 2 月 15 日，新加坡沦陷。晚晴园被日军占用，成了他们的通讯部。1945 年日本投降，晚晴园已满目疮痍，楼上楼下陈设的纪念文物和图片荡然无存。1946 年，中国政府再度拨款重修晚晴园，并作为国民党新加坡支部办公室之用。1949 年，英国宣布承认新成立的中华人民共和国政府。1951 年，晚晴园房产辗转交由新加坡中华总商会，晚晴园再度沉寂下来。

1964 年 12 月，中华总商会决定重修晚晴园，将其作为纪念孙中山在新加坡革命活动的史迹。1965 年修复完成。1966 年，总商会将在新加坡各处搜集到的日治时期死难群众遗物陈列在晚晴园。这时晚晴园里展示的历史文物分成两部分，一是孙中山的遗物和历史图片，二是日治时期死难群众的遗物。

百年孤寂后重获新生

1994 年，晚晴园被列为新加坡国家历史古迹。1995 年 2 月 19 日，新加坡新闻及艺术部长杨荣文准将（现为贸工部长）到晚晴园参观。他认为晚晴园是新加坡历史发展的一个重要见证，孙中山领导的辛亥革命不仅改变了中国，也改变了整个世界局势。为了让年轻一代对过去这段历史有所了解，应该将它翻新，重新赋予它历史的生命，中华总商会便积极进行扩建筹备工作，并于 1996 年将晚晴园命名为晚晴园——孙中山南洋纪念馆。

1996 年 11 月 12 日，在晚晴园举行了隆重的庆祝孙中山诞辰 130 周年仪式，杨荣文在致辞中说，孙中山倡导的不仅是一场政治革命，同时也是一场文化革命，对全世界华人的生活，产生了巨大的影响。对新加坡来说，保留晚晴园是一项重大的文化工程。晚晴园应被保留为华族的文化圣堂。

晚晴园修复和扩建工程获新加坡政府批准后，负责承办这项工程的新加坡中华总商会就开始积极进行扩建的筹备工作。1997 年，总商会设立晚晴园——孙中山南洋纪念馆有限公司，公司设五人发展小组，由总商会会长郭令裕任主席。

　　整个修复与扩建工程预计需要 700 万新元，这是一个不小的数目。中华总商会专门成立了筹款小组。当这一消息在媒体上披露后，社会各界反响之强烈出乎人们的意料。筹款小组在短时期内收到大量捐赠的钱物，一些人还捐出"传家之宝"，即家藏数十年之久的有关孙中山的文物。比如，马来西亚怡保名人姚德胜的后人就捐出了孙中山的"革命伴侣"陈粹芬的几幅照片。过去人们只在有限的几张集体照中见过陈粹芬的身影，因人像太小，很难看清面目。这次收到的几幅陈粹芬的单人照，便显得格外珍贵，它将使人们从中一睹陈粹芬的庐山真面目。

　　晚晴园的修复工程在东南亚引起了广泛的注意，得到了多方面的支持。中国人民政治协商会议全国委员会捐献 100 万元人民币（约合 18 万元新币），由中国驻新加坡大使陈宝鎏转交给纪念馆；中国台湾社会各界也为晚晴园的修复工程募集到 10 万元新币。另外，中国大陆和中国台湾两地的孙中山纪念馆负责人都表示，愿与孙中山南洋纪念馆保持联系和交流，互相商借展出文物等。

　　为了收集到更多的文史资料，孙中山南洋纪念馆馆长冯仲汉马不停蹄地四处奔波。他带领文史资料组的成员赴中国南京和上海作实地考察，并与有关机构如南京中山陵、孙中山纪念馆，上海孙中山故居纪念馆、宋庆龄故居纪念馆等单位建立了联系，以便相互合作。他们到马来西亚半岛去收集资料，以吉隆坡为中心，所到之处包括槟城、太平、江沙、怡保、和丰、珠宝、瑞洛、督亚冷、金宝、务边、波赖、万挠、加影、芙蓉、瓜拉比劳、马六甲和巴生等。他们曾到马来西亚怡宝坟场去寻找马来西亚革命志士郑螺生的陵墓；他们也访问了几位当年追随孙中山从事革命的邓泽如、杜南、陆秋杰等人的后裔，通过口述历史、图片、文物以及现场考察，了解当年的生活形态，以便制作历史场景，让来晚晴园参观的人形象直观地看到近一个世纪前新、马两地的民情风貌。

经过紧张的筹备,晚晴园修复和扩建工程在 1997 年 11 月 12 日 (即孙中山诞辰 131 周年纪念日)举行了动工仪式。

按照修复蓝图,晚晴园原有的土地不够使用,中华总商会便向新加坡政府购买了毗邻的一段约 360 平方米的土地,使晚晴园扩建后的面积增加到 700 平方米。重建后的晚晴园将保留主楼原有的风格,衔接主楼后方的单层楼后屋将被拆除,改建为两层楼的展览室和视听室,以扩大晚晴园的展览空间。

"孙中山——一个改变中国命运的人"(One man changed China, Dr Sun Yat Sen),这是 1997 年 4 月 7 日李光耀在接受美国《时代周刊》记者采访时对孙中山的评价。一座刻有李光耀这句话的石碑将放置在重建后的晚晴园庭院显眼的位置。

庭院中除了烈士树、孙中山爱吃的 6 种热带水果树之外,还将有一棵酸仔树。孙中山的母亲爱吃酸仔炒咸虾,孙中山特意从檀香山带回酸仔树的种子种在翠亨村,现在这棵树已经非常高大。晚晴园这棵树的种子即来自翠亨村。

扩建后的晚晴园共有 6 间展览厅:大厅、奋斗室、放映室、新加坡室、南洋室和遗珍室。

大厅里陈列有晚晴园各个时期的景观模型和照片,还陈列有中国海协会会长汪道涵送给晚晴园表示支持的一砖一瓦,以及捐资襄助重建工程的人们的芳名榜。

奋斗室将追踪孙中山的家境和他从檀香山到达广州和香港的足迹。主要展品有:《第一次远渡重洋》电脑加工图,展示孙中山 1879 年第一次乘船赴檀香山的情景;孙中山的父亲孙达成打更用的用具、斗笠。

放映室专为来访者播出一些精彩的节目,让大家对晚晴园有更深的了解。

新加坡室设在二楼，是反映孙中山在新加坡革命活动的主要展室。主要展品有：油画《陈宝娘初会孙中山》；一组十人塑像和当时摆设的物品：如落地时钟、留声机、英皇像等，展示出当年孙中山在晚晴园策划革命活动的情景；油画《粤剧与革命——易水寒》；孙中山赠送陈粹芬的怀表。

南洋室则展示马来西亚半岛和东南亚革命志士的事迹。主要展览品有：巨幅油画《华侨是革命之母》；《槟城会议》；油画《马来西亚河道上的孙中山》。

遗珍室则通过展品和电子声像反映了辛亥革命的深远影响。主要展品是以多媒体强调油画《和平、奋斗、救中国》的意义。

孙中山在晚晴园的生活

1900—1911 年，孙中山先后八次到访新加坡，其中有五次住在晚晴园。孙中山以此作为在南洋从事革命活动的基地和中心，在这里奔走革命，策划起义，走进这座建筑，更有助于我们了解这位世纪伟人。

"革命伴侣"陈粹芬

除孙中山先生本人外，在晚晴园居住过的孙中山的家人，有他的夫人卢慕贞，两个女儿孙姬、孙婉，及这一时期追随他左右的革命伴侣陈粹芬。

陈粹芬（1873—1954），原名香菱，又名瑞芬，出生于香港，也终老于香港。她没有读过什么书，但却是孙中山从事革命初期的亲密伴侣。卢氏夫人自幼缠足，性格内向，孙中山到各处宣传、为革命筹款时，她往往不能同往。孙中山在日本和南洋从事革命活动时，一直是陈粹芬追随左右。孙中山在晚晴园居住期间，她留在身边操持家务，常常替革命同志洗衣做饭，有时还要亲自去传递革命密函、甚至从事运送军火等危险的地下工作，陈粹芬与卢慕贞相处融洽，情同姐妹。

陈粹芬晚年在接受记者采访时，自述她于1891年在香港屯门红楼，经陈少白介绍与孙中山相识，自1892年起相随十数载。她虽没有与孙中山正式结为夫妻，但被孙中山的后人承认为"家里人"，初葬于九龙，1992年遗骸迁葬于中山市翠亨村孙氏墓地。

2001年，为了迎接孙中山南洋纪念馆整修后的重新开放和孙中山诞辰135周年，新加坡两大剧团必要剧场和实践剧场合作，以孙中山在南洋一带的经历为题材排演的舞台剧《百年的期待》，讲述了孙中山和陈粹芬的凄美恋情和革命伴侣生涯。

最爱吃热带水果

孙中山最爱吃热带水果。他本人是医生，所以对身体健康非常注重。他从不吃燥热的食物，烟酒不沾。他最爱吃的六种热带水果是：黄梨、藤仔（小杧果串）、山竹、蜜仔蕉、水翁和人参果。孙中山每次到南洋，必定选吃这六种水果。重修后的晚晴园庭院中也栽种了这六种果树。纪念馆馆长冯仲汉先生告诉记者，现在种下的六种果树，到十年后的2011年，也就是辛亥革命100周年的时候，均将枝繁叶茂，硕果累累。那时将在晚晴园举行盛大的纪念活动。当后人置身孙中山生活过的庭院，品尝着孙先生爱吃的水果，抚今思昔，一定是别有一番感受。

有趣的是，孙中山最讨厌的水果正是水果之王——榴莲。而陈粹芬最爱吃榴莲，她总是在孙中山不在的时候买上几颗，有时吃不完，放在那里，被孙中山闻到味道，便马上叫人拿走。

爱骑白马驰骋

晚晴园本来养有一匹白马，以供主人驱驰郊游。孙中山高兴的时候，便会骑马出游，甚至可以不用鞍就骑上马背策马飞奔。原来中山先生的大哥孙眉曾在檀香山田庄里养有很多马，孙中山常在田庄里帮忙，也学会了一手高超马术，可以不用加鞍，骑在马背上驰骋。

当年马里士他路一带房屋不多，在附近居民的眼中，出入晚晴园的都是一些"大人物"，因此把通往晚晴园的那条路称作"大人路"。现在它已成了这条路的正式路名。

唯一的历史见证人——"烈士树"

晚晴园经过百年历史风雨的洗礼，加上"二战"期间被日军侵占，早已面目全非，室内文物荡然无存，只有庭院里的一棵老树傲然耸立。据考察，这棵老树距今已有100多年的历史了。就是说，它见证了当年孙中山在这里运筹帷幄的一切行动。除了孙中山之外，这棵老树还见过当年到过晚晴园的孙中山的革命追随者。他们中有中国的黄兴、胡汉民、汪精卫、张继、戴季陶、廖仲恺、何香凝、孙科、林森、朱执信、邹鲁、陈粹芬、陈和、古应芬和尤列，新加坡的张永福、陈楚楠和林义顺，槟城的吴世荣、陈新政、黄金庆……他们中有的人为革命杀身成仁，有的人为革命事业不惜倾家荡产，当然也有个别的落伍者和叛逆如汪精卫。革命时期，每逢起义失败后，革命志士逃亡到南洋，他们的第一个落脚点往往是晚晴园。这些充满激情的人事，老树都一一见证了。当把老树的枝丫折断时，在断裂处可以看到红色的液汁，好像鲜血一般……以致人们附会说烈士的精魂和鲜血凝聚在这棵树上，并把它叫做"烈士树"。据植物学家考证，这棵"烈士树"学名叫 Angsana Tree（青龙木），距今已有100多年树龄，还能继续茂盛地生长50年。

见证了百年风风雨雨的晚晴园，在经过近五年的整修与扩建后，在2001年11月12日孙中山诞辰135周年这一天正式对公众开放。

宋庆龄故居

——后海北沿 46 号

何大章①

　　宋庆龄（1893—1981），海南文昌人，生于上海。少年赴美求学。1915 年与孙中山在日本东京结婚，投身捍卫共和制度的艰苦斗争。1925 年孙中山逝世后，她坚持孙中山的革命原则，在民族独立、人民解放的事业中，发挥了不可替代的重要作用。1949 年，宋庆龄应邀北上参与筹建新中国成立，当选为中华人民共和国中央人民政府副主席。此后，她历任国家副主席、全国政协副主席、全国人大常委会副委员长和中华人民共和国名誉主席，从事了大量国务活动和外交活动。她是中国妇女的杰出领导人，是第一届至第四届全国妇联名誉主席。她致力于反对帝国主义战争、维护世界和平的伟大事业。1927 年和 1929 年在比利时和德国召开的两次国际反帝同盟大会上被选为名誉主席，其后又成为世界反对帝国主义战争委员会的主要领导人之一。新中国成立后又先后当选世

_____

　　① 何大章，中国宋庆龄基金会研究中心主任。

宋庆龄故居

界保卫和平委员会执行局委员、亚洲及太平洋区域和平联络委员会主席，是世界和平运动的领袖之一。

在近70年的革命生涯中，宋庆龄始终坚定地和中国人民、中国共产党站在一起，为中国人民的解放事业，为妇女儿童的卫生保健和文化教育福利事业，为祖国统一以及保卫世界和平、促进人类的进步事业，作出了不可磨灭的贡献，受到中国人民、海外华人华侨的景仰和爱戴，也赢得国际友人的赞誉和热爱，并享有崇高的威望。

宋庆龄故居坐落在后海北沿46号。这里原是清醇亲王府西花园的一部分。

这座花园有着相当悠久的历史。早在明朝初年，这里就被建成达官显贵的府邸花园。园内大草坪上枝叶繁茂、造型优雅的国槐，树龄已达

宋庆龄故居卧室内景

500 多年，就是那个时代遗留下来的活文物。

　　清康熙年间，这里是武英殿大学士明珠的府邸花园，称渌水院。现存的恩波亭就建在当年渌水亭的遗址上。明珠的长子纳兰性德，是我国历史上最负盛名的词作家之一。南楼前两株树龄有 300 多年的"明开夜合"树，就是纳兰性德当年亲手栽种的。

　　到乾隆年间，明珠的后代得罪了权相和珅，被抄没了家产，这个花园也被和珅占据。

　　嘉庆皇帝即位后，将这座花园与附近的府邸一起赐给了成亲王永瑆，并特准他引后海水进入这座花园。为了表示对天子特殊的恩典永志不忘，成亲王在园中修建了恩波亭。后海水从西端引入，绕园一周，由东端流出园外。碧水悠悠，更给这座美丽的园林增添了灵气。到了光绪年间，这座府邸被赐给光绪皇帝的生父醇亲王奕。奕在成亲王府的基础上添改修缮，建成醇亲王府。在经历了 100 多年以后，除个别拆除、改建外，园内的古典建筑，仍袭当时王府花园的旧制。花园东南土山上，建有一座"箑亭"，匾额是醇亲王奕题写的。"箑"是古"扇"字。原来这个亭子建成了扇面形。登上箑亭，眺望后海的湖光帆影，仿佛真能感受到这巨扇带来的缕缕清风。西南土山上对应地修建了一组建筑，称"听雨屋"。南山下临湖是南楼。串联全园所有主要建筑的九曲回廊，至此径直通向二楼。

奕缳去世后，光绪皇帝的弟弟载沣继承王位。1909 年，载沣的长子溥仪即皇帝位，是为宣统。载沣任监国摄政王，权倾天下。然而，仅仅两年多，辛亥革命的炮声就迫使清帝退位。1938 年，载沣一家搬到花园居住。载沣本人则在畅襟斋里住了 10 年。

1949 年，宋庆龄来到北京后，国家曾先后安排了两处寓所，供她临时居住，并多次提出为她修建住宅。宋庆龄不愿增加国家的开支，一次次婉言谢绝。20 世纪 60 年代初，周恩来总理亲自为她物色到这个花园，并进行了改建。1963 年 4 月，宋庆龄迁入新居。

宋庆龄是个念旧的人。东门甬道上的那架龙眼葡萄和园内十株桶栽石榴树，都是宋庆龄刚到北京时栽种的，已经随她两次迁居。宋庆龄曾亲手采摘葡萄，也曾引领客人欣赏挂满枝头的火红的石榴。

走进园内的主建筑群，首先见到的是一个四合院。南面的前厅是宋庆龄的大客厅。她经常在这里接待来访的各国朋友。

北面的后厅即畅襟斋，是大餐厅。宋庆龄曾在这里宴请国内外宾客。畅襟斋前，两株古老的西府海棠生机盎然。春天，满树粉红的花朵，宛如一天红霞。宋庆龄常在花事最盛的 4 月上旬，邀请朋友们来树下品茶赏花。秋天，果实压弯枝条，宋庆龄亲手做成海棠酱，分送给朋友和身边的工作人员品尝。

西厢房的后面巧妙地接建了一座仿古的二层小楼。楼下设有小客厅和小餐厅。楼上是宋庆龄的卧室和书房。

走进卧室，正对的是宋庆龄的办公桌。桌上放着简单的办公用品。一副眼镜放在桌面上。墨盒上放着一个铜铃，每当有事要办时，宋庆龄就摇响小铜铃，通知工作人员。屋子中央有一个小沙发和两张软椅，中间是一个圆形的小茶几。靠西墙是宋庆龄的卧榻。靠南墙的窗下，摆着宋庆龄用了多年的已显陈旧的梳妆台。三面镜子，除中间的一面还比较完好外，左、右两面水银已经严重脱落。工作人员建议调换，宋庆龄指着中间的那面镜子说："你们看，不是还可以用嘛。"结果一直用到她逝世。靠北墙的门边有一架宋子文送给她的施特劳斯牌黑色竖式老钢琴，这大概是她最奢侈的用品了。她常常关起房门，一个人弹奏起熟悉的旋律。这时，她便重新回到了在上海与家人团聚的快乐日子，回到了在美国威斯里安女子学院学习时那个无忧无虑的少女的美好时光。

在书房里，有着占据整个一面墙的书柜，摆放着她的几千册中外文藏书。一架英文打字机放在不大的书桌对面。她常会久久地坐在矮小的圆凳上，熟练地敲击着键盘，发出"咔咔"的声响。

宋庆龄每天都要下楼到花园散步。她走在小径上，高兴地看着路旁盛开的鲜花。她走到楼后去看她的鸽子。她学着鸽子的叫声，鸽子便飞来，啄她手里的鸽食。她是那么喜欢孩子，为了招待小客人们，她专门竖起了秋千架，让院子里充满孩子们的欢声笑语。

1981 年 5 月 29 日，20 世纪的杰出女性、一位真正的人民领袖，在这座庭院里，永远离开了她挚爱的人民。

当年的大客厅、大餐厅，现在已经被辟作宋庆龄生平展览的展厅。这里展示了 200 多幅重要的历史图片，陈列着近 200 件极其珍贵的孙中山、宋庆龄的文物。

周恩来总理曾多次赞誉宋庆龄是"国之瑰宝"。1992 年，为纪念宋庆龄诞辰 100 周年，在园内西山上兴建了瑰宝亭，作为对她的永久纪念。亭子上的石雕、木雕都是梅花图案。瑰宝亭的匾额，由宋庆龄的老朋友赵朴初先生题写。檐檩上的十幅写意梅花，选用的是宋庆龄的至交何香凝先生的画作。那一枝枝傲雪凌霜的红梅，象征着宋庆龄一生的高风亮节和永不妥协的顽强性格。

在宋庆龄逝世一周年之际，宋庆龄基金会在这里成立。

2001 年 5 月 29 日，在纪念宋庆龄逝世 20 周年之际，宋庆龄基金会在东广场竹林前举行了宋庆龄汉白玉雕像的安放仪式。

今天，宋庆龄故居是国家重点文物保护单位和爱国主义教育基地。成千上万的国内外宾客，到这里来缅怀宋庆龄。每逢"六一"，更有大批的少年儿童来到这里，与慈祥的宋奶奶一起欢度自己的节日。宋庆龄的伟大精神，永远鼓舞着人们为维护世界和平、促进祖国统一，为民族的强盛、人民的幸福而奋斗。

蔡元培和他的北京故居

———
陈光中①

从清末翰林到激进的革命者

五四运动是近代中国的重大历史事件之一。而提到五四运动，就必然要提到北京大学，也必然要提到蔡元培。

蔡元培，字鹤卿，号子民，1868 年 1 月 11 日出生于浙江绍兴。未及十岁，父亲去世，母亲靠变卖家产衣饰、节俭度日将他们弟兄三人抚养成人。蔡元培自幼好学，15 岁考中秀才，不到 22 岁便中了举人。1890 年到京城参加会试，考取贡士，那是他第一次到北京。

蔡元培一生曾来过北京十余次，也陆续居住过一些时间。他似乎与这座古城有特殊的缘分，几乎每次来都会伴随着发生一些有趣的故事或重大的事件。比如这第一次来京会试，他本已考中贡士，如果再经复试

———
① 陈光中，北京作协会员、北京博物馆学会会员，文史作家。

蔡元培故居外景

及殿试合格，便可成为进士。但他考试完毕后，把自己的应试文章送某"权威"审阅时，却被认为是"怪八股"而不得赞赏。他认为自己难以获中，便失望地离京返乡了。岂料公布考试结果时他竟榜上有名。但他已来不及重新赶回北京参加殿试了，如此耽误了两年时间，只能于1892年第二次来京进行殿试的"补考"，一举通过殿试而被录为进士，并被授翰林院庶吉士。两年后，蔡元培第三次来京，参加散馆考试，升补为翰林院编修，由此在北京一住就是四年。

在这几年里，他阅读了许多西方著作的中译本，开始对国外的政治、科学有了初步的了解。1895年，中国在甲午战争中战败，清廷与日本签订了屈辱的《马关条约》。蔡元培甚为激愤，因此，他对力主变法维新的康有为等人颇为敬服。但维新运动最终失败，使他对腐败的朝廷彻底失去希望，毅然放弃官职返回家乡，在绍兴中西学堂就任"监督"

蔡元培故居正门

（校长），这是他投身教育事业的开始。

1902 年，他发起成立中国教育会，后又创立爱国学社，宣传"排满革命"的主张；1904 年他发起组建反清组织光复会，曾主编《俄事警闻》《警钟日报》，提倡民权，鼓吹革命；第二年参加中国同盟会，并任上海分会会长。

1906 年，革命形势出现低潮，革命队伍内部又出现分裂现象，蔡元培于失望之中返回绍兴。就在这一年，清廷计划派翰林院编修出国留学，蔡元培想利用这个机会去海外学习，便第四次来到北京，先是暂时在译学馆担任教授，讲授国文及西洋史。1907 年 6 月，担任驻德国公使的孙宝琦答应每月资助 30 两银子供蔡元培作学费，商务印书馆也同他签约每月支付 100 元编辑费。这样，蔡元培终于实现了出国留学的愿望，随孙宝琦一同前往德国。

从 1890 年至 1907 年，蔡元培共四次来北京。如果把这 17 年统归为一个阶段，那么在这个阶段里他本人发生了极大的变化。先是从"一心只读圣贤书"的举人，经"寒窗苦读"的奋斗终于进入高居人上的士大夫阶层，接着又从一位堂堂的清末"翰林"彻底转变成激进的资产阶级革命家。

固辞"教育总长"，赴任北京大学

蔡元培第五次来北京则是四年多以后的事了。1911 年辛亥革命成功。当年 12 月，蔡元培回国，在南京临时政府担任了教育总长。第二年 2 月，他再次来北京。这一次他的身份十分特殊，是"临时大总统"特派的"迎袁专使"。

民国初年的形势十分复杂。1912 年 2 月，孙中山不得不向袁世凯妥协，以清帝退位、袁世凯承认共和制度为前提，宣布辞去临时大总统职务，推荐袁世凯继任。但为了防止袁世凯颠覆民国，必须设法使其离开北京。因此孙中山又提出了三个具体条件：第一，新总统必须遵守临时政府所颁布的一切法律章程；第二，临时政府的地点必须设在已经为各省代表所议定的南京；第三，新总统必须到南京受任。

袁世凯是何等人，只要能获取政权，什么条件都能答应。于是，迎接"袁大总统"到南京上任的光荣使命就落到了蔡元培头上。

不料，2 月 29 日，也就是迎袁专使团到达北京的第三天，袁世凯指使亲信曹锟发动兵变。当晚 7 时，曹锟的部队突然"造反"，劫掠居民，焚烧房屋，连专使团也被乱兵抢劫。蔡元培等专使团成员从后院仓皇逃跑，躲到一个美国人的住宅里藏了一夜，第二天赶紧转移到东交民巷的六国饭店。这时又听到消息，北京附近的天津、保定等地也发生了类似事件。一时人心惶惶，形势难辨，外国使团赶紧调兵进京护卫，气氛空前紧张。与此同时，舆论大噪，都说袁世凯即将南下是引起兵变的主要原因，反对迁都的呼声空前高涨。

其实这些事端都是袁世凯刻意所为，目的就是为了据守老巢北京，使孙中山"迁都南下"的要求彻底无法实现。但蔡元培哪里搞得清这些"弯弯绕"，他生怕由此引起国际事端，以致影响国家统一的大局，赶紧召集专使团开会，议决两条：第一，"消灭袁君南行之要求"；第二，"确定临时政府之地点为北京"。蔡元培当即致电孙中山。事已至此，孙中山也没有办法，只得同意妥协。

"大总统"既然在北京，政府当然也得在北京，有关的政府部门自然也必须在北京。袁世凯与新任命的国务院总理唐绍仪继续邀请蔡元培担任教育总长。蔡元培起初未予应允，但几辞几邀之下，忠厚的蔡元培却不过情面，还是答应了。于是，他于一个多月后率教育部北上，第六次来到北京。然而，他的这个"总长"并没有当多少时间。1912 年 6 月，国务院总理唐绍仪因无法与袁世凯合作，断然辞职。蔡元培不顾袁世凯的虚情挽留，也坚决提出辞职，于 7 月 25 日离京南下。

当年 9 月，蔡元培偕妻子及一双儿女再赴德国，仍然进莱比锡大学听课。1913 年孙中山发动"二次革命"的时候，蔡元培曾短暂回国，因革命失败而又去法国。

1916 年，袁世凯病死，黎元洪当了总统，许多社会名人推荐蔡元培担任北京大学校长，他的朋友对于此事执两种不同意见。蔡元培曾说："友人中劝不必就职的颇多，说北大太腐败，进去了，若不能整顿，反于自己的声名有碍，这当然是出于爱我的意思。但也有少数的说，既然知道它腐败，更应进去整顿，就算失败了，也算尽了心；这也是爱人以德的说法。我到底服从后说，进北京。"蔡元培勇于逆流而上的倔强性格由此可见一斑。于是，他于 12 月 22 日第七次来到北京。12 月 26 日，任命令公布。1917 年 1 月 4 日，正式到校就职。

周恩来悼之："从五四到人权同盟，先生之行在民主自由"

1917 年在世界历史上也是一个特殊的年份，就在这一年，俄国爆发了十月革命，建立了实行无产阶级专政的苏维埃政权。马列主义学说也逐渐进入了中国。国内思想界的活跃，为蔡元培提供了较好的社会基础。他就任北京大学校长之后，立即大刀阔斧地进行了一系列改革，诚邀陈独秀、李大钊、胡适、钱玄同、周作人等进步人士进校任教，同时根据"思想自由、兼容并包"的原则，聘请或留用各有所长的专家学者，如李四光、朱家骅、马寅初等等。此外，他还实行"教授治校"，鼓励开展学术研究，提出"学为基本、术为枝干"的主张。由于蔡元培的大力革新，一扫旧日积弊，使北大的面貌焕然一新，"学风不振，声誉日隆"，在客观上成为推动新文化运动发展的基地。1918 年，在沙滩建成了新校舍红楼，使学校的规模有很大发展。而一年以后，这红楼竟成为五四运动的发源地。

1919 年，为反对《巴黎和约》而拟议发起的抗议运动，原定为 5 月 7 日举行。但 5 月 2 日国务总理钱能训向正在巴黎参加和谈的中国代表团拍发密电，命令代表在和约上签字。国务院电报处一名职员是总统府外交委员会司务长林长民的同乡，连夜偷偷向林报告了消息，林长民当即向外交委员会委员长汪大燮汇报。汪大燮得知后十分焦虑，5 月 3 日凌晨，他专程前往位于东堂子胡同的蔡元培家中，告知消息。

蔡元培听后大为震惊。事情到了这个地步，指望政府坚持立场已经完全没有可能了，此时，他只有把挽救国家命运的希望寄托在爱国学生身上。当天上午，蔡元培召集罗家伦、傅斯年等部分学生代表到自己家里，通告情况，并立即召开全校教职员会议讨论形势。同时又以北京欧美同学会总干事的身份，与副总干事王宠惠、叶景莘联名致电中国使团首席代表陆征祥，劝其不要签字。与此同时，各校学生代表也召开了紧急会议，一致认为必须马上采取行动。5月3日晚上，北京大学召开全体学生大会，并邀请北京13所中等以上学校学生代表参加会议，决定第二天举行游行示威。

5月4日下午，数千名学生在天安门前举行示威大会，并与不断加入的市民、工人、商人组成浩浩荡荡的队伍上街游行。蔡元培坐守家中，接到政府方面要求他召回学生的电话，他回答道："学生爱国运动，我不忍制止。"对于让他立即前往教育部商量善后办法的要求也不予理会。示威队伍冲破军警阻拦，行至卖国贼曹汝霖的住地赵家楼，火烧曹宅。赶来弹压的大队军警逮捕了32名学生，其中有北大的20人。

接着，蔡元培冒着危险多方营救，使被捕学生于5月7日全部获释。此后，反动政府撤免蔡元培北大校长职务，并欲解散北京大学、惩治进步学生。为保全学校，保护学生，蔡元培毅然决定出走。北大及各校师生组织请愿、罢课、游行，强烈要求蔡元培回任，并得到社会各界的广泛支持，一时间学潮汹涌。6月28日，巴黎和会上的中国代表拒绝在对德和约上签字；9月12日，病后初愈的蔡元培回到北京；9月20日，北京大学3000余人在法科大礼堂召开欢迎蔡元培返校的大会，盛况前所未有。如此"校长救学生、学生留校长"的佳话，世所罕见。

1920年，蔡元培赴欧洲考察，一年后再次回到北京。因看到"北京政府的情形，日坏一日"，于1923年坚决辞职，并"重往欧洲，表示决心"。此后，他虽然还挂着"校长"的虚衔，但已不再主持工作。至1927年，北大划入北平大学区范围，他的"北京大学校长名义，始得取消"。

其后，蔡元培曾任国民党政府大学院院长、中央研究院院长。看似久居高位，却一生清廉如水。他多年在北京任职，却始终没有属于自己的私房，一直是租住他人房屋。晚年在上海时仍是如此。因此他的书籍分别存放在北京、上海、南京、杭州等地，没有一个集中安置的地方。在他 70 岁寿辰前夕，一些朋友和学生曾经倡议集款为他建一所住宅，这一建议得到数百人响应，但因抗日战争的爆发而未能实现。

1937 年日本发动侵华战争，蔡元培于 11 月 27 日从上海前往香港，1940 年病逝。周恩来曾作挽联悼之："从五四到人权同盟，先生之行在民主自由。"

担任北大校长期间的北京故居

蔡元培担任北京大学校长时，住在东城区东堂子胡同，原门牌为 33号，为东、西各三进宅院，后分成现在的 75 号、77 号两个院子，蔡元培住过的地方在 75 号。他在这里居住的时候，将五间倒座房作为客厅；第二进院子有北房三间，前有走廊，左右各带一间耳房，另有东西厢房各三间，南房四间；第三进有北房五间，带走廊。

那原本是一所十分简陋的宅院，随时间流逝，早已面目全非。先前院内搭建了许多参差不齐的房屋，有多户人家居住。随着城市建设的发展，2000 年末的时候，胡同西段面临拆迁，院内居民被迁走，房屋险遭拆毁。这件事情引起十分强烈的社会反响，因社会各界多方呼吁，北京市政府有关部门终于决定，故居应"原址保存"，这所院子才幸运地得以保留。

（全国政协文化文史和学习委员会供稿）

章伯钧与章家大屋

宋　霖

章伯钧及其家人的爱国心与桑梓情

沉寂 29 年后，章伯钧的名字重现于家乡媒体。

1986 年 5 月 24 日的《安徽日报》第一版刊出《章伯钧藏书捐赠仪式在肥举行》，副标题为《330 部、2562 册珍贵善本图书由省图书馆收藏》。

本报讯　著名爱国民主战士和政治活动家章伯钧先生生前藏书捐赠仪式 5 月 23 日在省图书馆举行，省政府、省政协、省民盟、农工民主党安徽省委员会、省委统战部、省委宣传部和有关方面负责同志以及知名人士近百人参加了捐赠仪式。

章伯钧先生系我省桐城人，曾任农工民主党中央主席和民盟中央副主席、交通部部长、第二届全国政协副主席等职。他生前极为关心家乡

修缮后的章家大屋

的文化事业，表示要将所藏珍贵善本图书捐赠给家乡。遵循这一遗愿，章先生的夫人、全国政协常委、中国农工民主党中央常委李健生，委托中国老年文物研究学会与省图书馆联系商定，将章先生生前所藏珍贵善本图书330部、2562册捐赠给省图书馆收藏。所赠古籍图书已于4月25日运抵省图书馆。

这批捐赠的古籍，共有明刻本277种、2239册，清刻本53种、323册，全系珍贵善本图书，具有很高的价值，如明正德刻本《唐文鉴》21卷、《汉魏诗集》14卷、《纂图互注老子道德经》2卷，明正德九年司礼监刻本《少微通鉴节要》50卷、外纪4卷和《资治通鉴节要续编》30卷，明成化刻本《贞观政要》10卷和《大明成化庚寅重刊改并五音集韵（15卷）附篇韵贯珠集（8卷）》以及明刻本歙县汪道昆撰《副墨》4卷等。

李健生和她的长子章师明、女儿章诒学、女婿马克郁，以及中国老年文物研究学会秘书长沈廷杲等人专程来合肥参加了捐赠仪式。杨纪珂副省长代表省政府对李健生及其亲属表示衷心感谢，感谢他们对安徽文化事业的关心和支持，并向李健生颁发了证书、奖状和五万元奖金。

　　捐献仪式举行时，章伯钧已经去世 17 年了。他是 1969 年 5 月 17 日在北京逝世的。是时，"文革"狂涛正席卷全国。他全家蒙难，批斗、抄家无休无止。令他痛心的事情很多，其中之一便是中华文化横遭劫难，无数珍贵典籍被焚毁于熊熊烈焰之中。他叮嘱夫人，存留下来的善本图书，如能逃过此劫，一定要捐献给家乡图书馆，以保存文化，服务桑梓，泽惠后人。

　　"寂寞身后事，千秋万岁名。"我不知道，当今之世还有多少人真正识得章伯钧。但，在多个场合我亲身体察到：当我谈及他是 1923 年入党的中共党员和 1927 年八一南昌起义的重要领导者之一时，听者多面露惊诧之色；当我谈及他 1935 年参与领导组建中华民族解放行动委员会（由中国国民党临时行动委员会改名，亦即中国农工民主党的前身），并且宣布"以反蒋联共抗日为党的总方针，以马克思列宁主义为党的思想武器"时，引来一片惊叹之声；当我谈及他的两个弟弟都早年投身共产革命时，听者俱大为动容。这说明，许多历史真相和珍闻，已经在忘却的大海中沉浮了。

　　由此想到，历史不单需要严谨科学的研究和客观真实的记录，更加需要宣传！否则，它就会淡化、湮没甚至变形，或落到"绿窗明月在，青史古人空"，或陷入"青蝇一相点，白璧遂成冤"的境地。历史，是民族和国家的精神本源和文化根基，如果对历史的记载长期失真、失忆、失信、任人编排，则势必会造成巨大的混乱和灾难。

　　章伯钧是著名的爱国民主战士和政治活动家，是两个民主党派的主要创始人和领袖，也是对中国共产党最忠诚的民主党派中的"左派旗帜"。

"寂寞柴门人不到,空林独与白云期。"当此章伯钧先生 110 周年诞辰之际,谨以此文缅怀先生大波大澜的一生,追寻其家族史踪,并走近是名人故居也是革命纪念地的章家大屋。

章伯钧先生一生述要

清光绪二十一年十月初一日(1895 年 11 月 17 日),章伯钧诞生在安徽省桐城县(今属枞阳县)后方乡章家大屋。他六岁丧父,幼读私塾,后入桐城中学。1916 年考入武昌国立高等师范(即今武汉大学)英语系。1920 年毕业后任安徽省立第四师范学校(校址在宣城)校长,他聘请在武汉结识的恽代英、萧楚女来任教职,使四师气象为之一新。

1922 年 9 月,章伯钧公费赴德国入柏林大学学习哲学。1923 年初,由朱德介绍,加入中国共产党。1926 年春回国任中山大学教授,参加民主革命运动,以共产党员身份加入国民党。7 月任国民革命军总司令部政治训练部(主任邓演达、副主任郭沫若)宣传科科长(前任为郭沫若)。在北伐战争中,任总政治部秘书长、农工部兵农联合委员会主席。在蒋介石、汪精卫相继叛变革命后,章伯钧参加了周恩来等人领导的八一南昌起义,任起义军总指挥部政治部副主任(主任郭沫若)、代主任职。起义军失败后流亡香港,从此脱党。

1928 年春,章伯钧与谭平山等筹组中华革命党,1930 年 5 月改组为"中国国民党临时行动委员会",8 月当选为中央干事会干事(总干事邓演达)、中央宣传委员会主席委员。邓演达牺牲后,他参与主持中央干事会领导工作。1933 年秋,章伯钧和黄琪翔等代表中国国民党临时行动委员会,会同李济深、陈铭枢等,与第十九路军将领蒋光鼐、蔡廷锴等共同发动了"福建事变",成立"中华共和国人民革命政府"(史称"福建人民政府"），宣布反蒋（介石）抗日，通缉蒋介石、汪精卫、何应钦等，停止"剿共"，联合中国工农红军。章伯钧任福建人民政府经济委员会委员（主席冯玉祥，余心清代），兼任土地委员会主任。福建人民政府失败后，章伯钧再度流亡香港，仍然明确地提出与中国共产党合作的主张。1935年8月1日，中共发表《八一宣言》，章伯钧积极响应。同年11月，中国国民党临时行动委员会在香港改名"中华民族解放行动委员会"，以"抗日、联共、反蒋"为总方针，确立党的指导思想"以马克思列宁主义为党的思想武器"，章伯钧当选中央临时执行委员会委员，任宣传委员会书记，主持中央工作。1938年3月任总联络人，主持该党工作，7月代表该党被聘任为第一届国民参政会参议员。

抗战期间，章伯钧积极支持中国共产党的抗日民族统一战线主张，为抗日救国而奔走呼号。1939年11月，他与张澜、沈钧儒、黄炎培、梁漱溟等共同发起成立"统一建国同志会"，推动民主宪政运动的开展。1941年1月"皖南事变"发生后，他参与创建"中国民主政团同盟"，任中央常务委员、组织部部长。1945年2月，他主持创办《中华论坛》半月刊，任主编，积极宣传为争取抗战胜利和争取民主而斗争的政治主张，抨击国民党一党独裁统治和反共活动。7月1日，章伯钧、黄炎培等六位参政员访问延安，受到中共领导人毛泽东、周恩来、刘少奇、朱德等人的热情接待。7月3日，毛泽东和周恩来专门约见章伯钧和左舜生。回重庆后，章伯钧积极配合中共，反对国民党单独召开国民大会，并断然拒绝参加国民参政会，产生了很大的政治影响。

解放战争时期，章伯钧在政治上坚持与中共保持一致。1946年7月13日发表《章伯钧对"召开国大"的意见》，愤怒指出"这是一党独裁的大会"，为民盟拒绝参加"国大"做出了可贵的努力。1947年2月，"民解"改名为中国农工民主党，已经实际领导该党达9年之久的章伯钧，当选为主席。他的夫人李健生当选中央执行委员会候补委员。此后，章伯钧积极参加了配合中共推翻国民党独裁统治的斗争。1947年10月27日，蒋介石下令解散民盟，章伯钧避走香港，11月与沈钧儒主持召开民盟一届三中全会，提出坚持同中国共产党紧密合作，推翻国民党独裁政府，建设民主、和平、独立、统一的新中国的政治纲领。

1948年秋，章伯钧等首批民主人士进入东北解放区。1949年1月22日，章伯钧与沈钧儒等55位各民主党派领导人及其他民主人士发表宣言，宣布愿意在中国共产党的领导下，团结一致，将革命进行到底，与中共共同建立民主联合政府。9月，他出席中国人民政治协商会议第一届全体会议，当选为全国政协常委、中央人民政府委员。

中华人民共和国成立后，章伯钧历任中央人民政府委员、中央人民政府政务院政务委员、全国政协常委、中华人民共和国交通部部长、《光明日报》社社长、中国民主同盟副主席、全国政协副主席，并继续担任中国农工民主党主席。

1957年，在中共发起的整风运动中，章伯钧积极响应中共中央和毛泽东的号召，帮助共产党整风，在中共中央统战部召开的座谈会上发言，提出意见和建议。反右派斗争开始后，他被划成了大右派。章伯钧在中国政治舞台上消失后，被保留全国政协常委、中国农工民主党中央委员、中国民主同盟中央常委等职位。"文化大革命"中，全家遭受残酷迫害，他忧愤成疾，病逝于北京。

中共十一届三中全会后，章伯钧的"反共反社会主义罪行"材料均已推倒，只是不宣布平反。在《人民日报》正规表述中，他被定位为"著名的爱国民主战士和政治活动家"。他的骨灰于1982年11月15日被安放进北京八宝山革命公墓。

他的亲属在中共十一届三中全会之后皆得到安排或平反，夫人李健生任中国农工民主党中央委员、常委，中央质监委员会副主席，全国政协常委，1990 年逝世。儿子章师明任中国农工民主党中央委员、常委，中央执行局副主任，中央组织部部长、秘书长，中央副主席，全国政协常委、全国人大常委，2002 年年底离休后任中央名誉副主席。长女章诒学曾任中国农工民主党中央委员、北京市委副主委兼秘书长、北京市政协副秘书长，这位北京大学物理系 1964 年毕业的高才生，潜心科学研究和技术革新，卓有建树，多次被评为劳动模范、三八红旗手，曾获全国五一劳动奖状。幼女章诒和 1963 年毕业于中国戏曲研究院（现中国戏曲学院）戏曲文学系，在"文化大革命"中遭受残酷迫害，以所谓"现行反革命罪"被判处徒刑 20 年，坐牢 10 年，九死一生，1979 年平反，现为中国艺术研究院戏曲研究所研究员。

1985 年 11 月 11 日，中国农工民主党中央和民盟中央，在全国政协礼堂召开"纪念章伯钧诞辰九十周年座谈会"。中共中央统战部部长杨静仁发表讲话说："章伯钧先生是一位著名的爱国民主战士和政治活动家，尽管在他的一生奋斗中也有过曲折，然而他不断追求真理，总结经验教训。纵观章伯钧先生的全部历史和全部工作，总的来说他是爱国的、进步的，为我们民族和国家做了好事，是值得我们纪念的。"

章伯钧家族的历史

章伯钧的先辈是来自徽州婺源的移民。

据章氏宗谱记载，章伯钧的远祖原居山东诸城和平阴一带，于唐代南迁浙江余杭、绍兴。宋末迁徽州婺源后，家道日兴，成为望族，以门前建有牌楼而称"牌楼章"。明初，章家屡被盗匪袭击，死伤惨重。在一次几乎被灭门的血洗性袭击中，一个叫章一脉的年轻书生，从亲人尸体堆中爬出，挣扎着冲进后堂，取下祖宗牌位，紧紧捆在背上，怀里揣着家宅牌楼影像图和一部《易经》，趁着夜色掩护，仓皇北逃。数日后逃到南京，乘船溯长江西上，穿天门，过芜湖，五百里风波水路，最后在长沙洲登上长江北岸，再向北渡过白浪滔天的白荡湖，这才停下脚步。

章一脉，号藕宿，极能吃苦耐劳，在湖畔给人帮工。他办事勤谨，种田、挖藕、打鱼无一不精。当时的白荡湖北地区，山高林密，人烟稀少，人口密度只相当于今天的百分之二三。

两年后，章一脉被钱祖庄（今名钱祖屋）的钱秀才看中，先雇为长工，后把女儿许配给他为妻。婚后夫妻恩爱，生五男二女。儿女均为贤德之人，奉亲至孝。章一脉的后半生是幸福安宁的，他76岁去世，妻子向娘家讨得一块地安葬了他。

随着家族繁衍，人丁迅增，"牌楼章"集会议定，尊章一脉为一世祖，从第二世起，用100字谱系，前40字为："文福庆才受，民善良孝乡，宗应世守治，大道启元光，义礼传儒范，清廉重典常，英贤珠玉聚，俊彦桂满芳。"章伯钧属第二十一世"光"字辈。这个百字谱系，按传统算法30年一世，至少还能够使用2300年。国人对家族延绵千秋万代的期望之殷，真堪称世界之最。到清乾隆初年，"牌楼章"已人口大增，分为12股，章伯钧先祖属"团山股"。

第十五世出了一个章守盛，他是章家大屋的创建人。守盛字嵩维，号翠峰，生于清雍正四年（1726年），卒于嘉庆十三年（1808年），翠峰先生少怀大志，曾闯荡南北，交游广泛，见多识广，为人谦和守信、仗义率真。他娶桐城姚姓女为妻，生有四子。大约从1760年前后起，他选中了来龙岗半岛的南端，建造起了宏大的章家大屋，后世不断扩建。章家大屋无论是规模还是形制，皆为安徽江北古民居中所罕有。

翠峰先生生四子，第四子名占鳌，字延献，号若波。若波生三子，次子名庆寿，字星南，号月轩。月轩生一子，名模，字德化，号梅村。梅村生四子，第三子名枞，字迎雉，号镜湖。镜湖生三子，长子名元吉，字扬清，号望川；次子名元植，字澄清，号仰梅；三子名元和，字河清，号石侯。章望川是章伯钧的父亲。这几代人的字和号都很美，其间有耕读为本诗书传家的博雅散澹高古的书卷气，更折射出领有清一代文坛风骚的桐城派文化的温润华滋与雍容。

章望川生于清光绪二年（1876 年）十月，他天分很高，性格豪放，任情慷慨，有狂狷之气。他从幼年起就喜欢在读书时作批注，父亲责备他不该把书弄得这么不洁，他却仰脸对父亲说："欲读书，遑计书卷也！"长大后，他有两好，一是读书，二是喝酒。他读书方法很先进：绝不盲从，穷搜远讨，旁征博引，参考互寻。有时夜间读书有了心得，就把兄弟们叫醒，一边研讨，一边喝酒，纵论诗文不可一世，痛诋时俗慷慨淋漓。他厌恶时文的浮夸，推崇《孟子》的博大渊深和《东莱博议》的明畅沉雄。他对两个弟弟非常爱护，弟弟也钦佩爱戴这位兄长。他娶桐城庠生林华亭之女为妻，妻兄林醒卿也是一位名士。

他与林夫人生三子，长子伯钧，谱名光利，字砺夫；次子伯韬，谱名光品；幼子伯仁，谱名光葆。

"一门三龙"与红色堡垒

才华横溢的章望川只活了 25 岁。光绪二十七年八月十四日，即公历 1901 年 9 月 26 日，他从省城安庆乘船回家，船在白荡湖中倾覆，他不幸溺水身亡。那是中秋节的前一天，显然，他是匆匆赶回家与父母妻儿过团圆节的。

那一天，白荡湖上原本风平浪静，是一股骤然而起的狂风，掀起惊涛骇浪，导致覆舟。团圆之夜的章家大屋，一片凄惨号啕声。此时，章伯钧六岁，伯韬三岁，伯仁才五个月，尚在襁褓之中。

接下来是一个漫长而且凄凉的故事。章伯钧三兄弟由叔叔章仰梅、章石侯抚养长大成人。幸运的是两个叔叔对他们很好。但幼年丧父，其间艰难酸楚，不堪尽述。桐城人重教育是有传统的，连为子女择偶也是首选书香门第，其次才选官宦人家。章家祠堂拥有"学田"300余石，租给族丁耕种，所收租金用于资助家塾（1920年又办起了私立育才小学）和奖励学业优秀的族中子弟。这是一个极好的制度。

章伯钧兄弟先后在家塾或育才小学读书，而且都以优异的成绩考入极难考取的桐城中学，这在乡间已属罕见，后又相继"放洋"，留学德意志、日本、法兰西，且皆建功立业，章家大屋遂以"一家三国""一门三龙"而闻名遐迩。

章伯韬1898年生，先留学日本，后去法国，并加入中国共产党，为中共旅欧支部负责人之一，曾任中国留法勤工俭学语文部主任。妻史钟英与他同去法国。抗日战争爆发后回国，和廖承志一起做党的工作。因积劳成疾，1944年在重庆北碚病逝，新中国成立后被追认为革命烈士，骨灰移放北京八宝山革命公墓。他有一子四女。

章伯仁1901年生，留学日本，后赴苏联，加入中国共产党，曾任远东区伯力（俄名哈巴罗夫斯克）党校校长。在苏联"肃反"中被逮捕杀害。他在家乡与汤家沟人周荣华结婚，婚后28天赴苏，再没回来。他后在苏联与一奥地利籍女子结婚，生三子一女，据闻前些年都健在。

章家大屋还是红色堡垒。在枞阳县地方党史上，它是第一个共青团小组成立处，也是第一个共产党支部的成立处。据《枞阳县志》记载，1927年"四一二"政变发生后，在武汉安徽省党务干部训练班和中央农民运动讲习所等处学习的共产党员章逐明、疏世群、钱邦文和共青团员章鸾翔、章礼备及进步青年吴克正等，于五六月间回到桐城东乡（今属枞阳县）白云、横埠、陈湖、老洲和汤沟地区，并在章家大屋成立了CY（共青团）小组，组织发动了"汤沟暴动"，坚持革命斗争。1928年1月，中共桐城直属支部在章家大屋成立，选举章逐明为书记，参加成立会的共 8 人：章逐明、章礼备、章鸾翔、陈雪吾、吴克正、章宣德、章慕贤、钱益封，不到两个月就建立了四个党小组，发展党员数十人，发展农协会员 20 余人。1929 年 3 月间，中共安徽省临委派王步文到桐城后，党的组织有了更大规模的发展。

在章伯钧引导和帮助下参加革命的人数甚多。其中有许多同乡，如陈雪吾（新中国成立后被追认为革命烈士）等人，也有相当数量的章姓族人。堂侄章培毅，1920 年生于章家大屋，抗日战争中去大后方，毕业于武汉大学，他在章伯钧的教育引导下，参加了民盟、农工民主党、民革。曾任民盟重庆市支部委员、农工民主党重庆市党部执行委员兼发言人，是一个极具才干的英勇的民主斗士。他 1948 年奉民革中央主席李济深的指示，策动国民党军起义，11 月被国民党政府逮捕。他坚贞不屈，1949 年 11 月 27 日在重庆渣滓洞监狱大屠杀中殉难，年仅 29 岁，新中国成立后被追认为革命烈士。章培毅的弟弟培良、妹妹培莲及一批章姓族人均相继参加了革命。

章伯钧之子章师明，1922 年 5 月 6 日诞生在章家大屋，生母林振华是贵池县老周湾人。他在抗战爆发后去武汉找到父亲，后随学校流亡湖南、四川，1942 年考入内迁到四川宜宾的同济大学。1947 年毕业后到南京工作，同年 7 月在中共党员曾伟的监誓下加入中国农工民主党，任农工民主党南京市委委员，负责工运和青运工作。解放战争中，他与中共地下党并肩战斗，成功地进行了发展组织、宣传动员、配合中共斗争和对国民党军队的策反工作。特别是在策动江阴要塞黄山炮台起义、动员安徽屯溪守军起义中，做出了重大贡献。

章家大屋既是名人故居，又是枞阳县重要的革命旧址，应当受到保护。

寻访章家大屋

全国政协文史资料委员会于 2003 年 9 月提出开展"保护名人故居"的工作，并于 2004 年 9 月在天津召开了全国政协名人故居研讨会。在安徽，省政协文史资料委员会多次对这项工作进行部署。

2005 年 6 月 1 日，我从桐城出发到枞阳县后方乡，仅不到两小时的车程，再循一条建在山脊上的砂礓路南行 5 华里，就到了育才村。章家大屋在此村。

章家大屋建在来龙岗南端，南临白荡湖。章家大屋原有房屋 30 间，联结成一个宽 20 多米、长约 30 米的长方形整体。东北角伸出一个由五六间房屋组成的方形院落，是家族的学堂。章家大屋的建筑风格是非常特别的，如果说方正严整、尊卑有序的北京四合院是一首格律诗的话，那么，章家大屋就是一篇虽极为内敛，却散漫任情的散文了，不是南北向，没有中轴线，不讲对称，连堂屋也不居中，完全是因地制宜，随山势高低起伏从容铺陈。各间房屋高低错落，有的天井两边房屋的地面高度差超过一米。几十间大小房屋之间（包含学堂在内）全是相通的，连接它们的是四五间过道屋、六个天井的宽檐廊和甬道。倘外来之人行走其中，宛转曲折，如入迷宫。到各房去走动，不用出大院，下雨天不用带雨具。墙皆以夯土筑成，极坚固，历经 200 多年风雨侵蚀而不坏，顶覆青瓦，房屋皆高大轩敞。窗偏小，当是对乱世的戒备。

章家大屋坐东朝西，建于高岗之上。门前螺蛳沟中清波荡漾，与白荡湖相连，沟中盛产鱼、虾、菱、藕，沟畔芦苇茂盛，四时风景绝佳。隔沟与毛峰山相望。大屋背后，三面环山，早年间曾是古木参天。宅西和宅北有良田数百亩，宅东和宅南有山地数十亩。大屋地处隐蔽，无论是从岗顶俯瞰，还是从白荡湖畔仰望，唯见林木森森，葱茏郁秀，不见房屋。走近了才猛然见林角转处大屋庞然。但它的交通又是极便利的，登岗顶有旱路进入莽莽山区，到岗下乘船入湖，近可去汤家沟、无为县，远可入长江，上安庆，下芜湖。这大概就是早年间共青团组织、共产党组织在此组建的缘由之一了。

章家大屋现存东南角房屋七间和倾圮未久、地基完好的堂屋两间。房皆危房，但修缮不存在任何技术困难。章伯钧诞生并在其中度过少年时代，又在其中结婚生子的老屋，基本完好，只是年久失修，屋顶靠近檐口处有一脸盆大小的洞，漏入天光。一中年村民对我们说："你们上头总是来人看，都来过三五十批了，也不见来修一修。再不修，就倒掉了。"

我们不知道这几十批"特特寻芳上翠微"来看章家大屋的都是些什么人，但有一点是清楚的，那就是他们对章伯钧先生的由衷敬重和真诚追思。有这样多的人关注着章家大屋，使我非常感动。更令人感动的是，近年来各级政协有很多政协委员，提交请求保护并修复章家大屋的提案。我认为这些提案的理由是充分的。

章家大屋的历史承载丰富而且厚重，它不该倒掉。

我在章伯钧和章师明父子诞生的老屋中默然伫立，遥想110年间既纠葛若乱麻又澄澈如秋水的世事人情，一时心中五味杂陈，一副不甚工稳的联语涌上心头："一门三龙龙性难驯方期耕云播雨济苍生忠而见疑惊天冤厄幽天斩；章家四国国士易折原望勤政惠民保社稷信却被谤动地歌哭归去来。"我想起章伯钧、李健生伉俪和子女们19年前对故乡安徽的那次感人至深的巨献，单凭这，也应当把章家大屋修一修了。

离开时，我取了三片青瓦，准备带到北京去，给师明、诒学、诒和三兄妹。瓦上可刻四个字："上有片瓦。"

　　此行始终没有见到白荡湖，它被浓密的夏木遮挡在了身后。归途中耳畔总响着杜甫老人的叹息："白鸥没浩荡，万里谁能驯。"下回再来时，该看看这一汪大水了。

鲁迅人生驿站寻迹

陈光中

纵观鲁迅并不漫长的一生，可谓颇多坎坷。那些最直接最沉重的挫折和打击，大都来自他的家人。祖父入狱、父亲早亡造成家道中落，母亲固执而盲目地给他套上了婚姻的枷锁，至亲至爱的兄弟却成为对他伤害最深的人……这些都深深地影响了他的心态和性格。

几十年乃至上百年过去了，在鲁迅走过的地方，那些老屋旧舍之间，隐藏着多少令人唏嘘感叹的故事！为了了解鲁迅，让我们沿循鲁迅的人生轨迹，走进去、读过去，品味他那五味杂陈的内心世界。

从绍兴到南京：无可流连的故乡

1881 年 9 月 25 日，鲁迅生于绍兴东昌坊口的一所老宅内。鲁迅本姓周，初名樟寿，字豫才。祖父周福清是前清翰林，当过"京官"，所以周家当年门厅显赫，在东昌坊口有新台门、过桥台门和老台门几处宅院，鲁迅的家属于新台门。

三味书屋

鲁迅的童年生活是自由而快乐的。不料，在他 12 岁那年，祖父周福清企图贿赂考官，为自己将要参加科举考试的儿子及亲友子弟买通关节，以致事情败露下狱服刑，家境遂一落千丈。三年后，父亲又病重而亡，遗下孤儿寡母，常遭族人排挤。17 岁时，鲁迅被迫离开故乡，前往南京求学。1919 年，绍兴周家彻底败落，经族人协商，整个新台门连同后面的百草园被一起卖掉了。

如今，绍兴东昌坊口的鲁迅故里已不见当年普通江南水乡小镇的模样，成了繁华的旅游景点。几经变迁，周家的几座台门连同四外的街巷建筑也早已旧貌难寻。从 2002 年开始，当地有关部门对这一带进行了大规模的复建，但毕竟已非原物，唯独那年母亲鲁瑞为了准备儿子结婚而翻修的旧屋尚得以保存。

在鲁迅故里东侧的鲁迅纪念馆里，有许多珍贵文物。其中给人留下印象最深的，是两份复制的文件。一份是宣统三年正月（1911 年 2 月）

的"公同议单",实际就是周家分割地产的契约。其中写道:"我周'致、中、和'三房,自乾隆迄今,历百余年,各房均有薄产。近来家道渐落,子孙无业居多,式微景象触目皆是……所有余产彼此分润,以济困乏……"议单结尾的署名,有"豫才(即鲁迅)""乔峰(即周建人)"的"花押";周作人当时应在日本,因此"起孟"名下空缺。鲁迅是家中老大,特地注明议单"分后致派兴房豫才收执,起孟、乔峰在内"。鲁迅的"花押"很有些特殊,不像汉字而像外文字母。

另一份文件是民国七年阴历九月(1918 年 10 月)周家出卖老宅的"绝卖屋契",契后附有周家老宅的平面图。"豫才"名下仅有一个规规矩矩的"押"字,"起孟""乔峰"则是"花押"。签过这份卖契,周家三兄弟就与他们的祖屋永远告别了。

1898 年,鲁迅到南京的江南水师学堂管轮班学习。他的一位堂叔祖在学堂里当监督,认为本家子弟进这种培养水兵的学堂似乎有碍家族名声,于是便将他的名字改为"树人"。"周树人",应算鲁迅的"本名"。由于水师学堂里的风气不正,仅仅学习了半年,他就退学改考隶属于江南陆师学堂的矿路学堂。1902 年 1 月,鲁迅从矿路学堂毕业,获取了公费派往日本留学的机会。那年 3 月 24 日,当他踏着颤巍巍的跳板登上日本"大贞丸"号轮船甲板的时候,也许并未意识到,这是他人生道路上极为重要的一刻。世界上再也不会出现一个名叫"周树人"的轮机手或是什么矿山技师,而一位文坛巨匠将由此孕育诞生。

江南水师学堂遗址在南京中山北路,如今大门犹存;矿路学堂原址距其不远,在三牌楼一带,原本占地面积很大。经百年变迁,已是旧颜难觅。

在现今的南京师范大学附属中学校园内,有一座欧式风格的小楼,是当年矿路学堂遗留的建筑。1978 年学校在此创立"鲁迅纪念室"后

鲁迅楼现貌

改为南京鲁迅纪念馆，是国内唯一设在中学里的鲁迅纪念馆。

在距该校不远处的中山北路283号，还有一座"鲁迅楼"，被列为"鲁迅先生读书旧址"；当地的社区也因此而得名为"鲁迅园社区"。

辗转南北：破茧而出的蛾子

在日本的七年间，鲁迅怀抱着救国的理想，先是弃工学医，后又弃医从文，最终还是为家境所迫，不得不回国工作。

1909年，鲁迅到杭州的浙江两级师范学堂担任化学和生理学教员。浙江两级师范学堂现为浙江省杭州高级中学，当年的一栋旧校舍被保留至今，称为"一进"；"一进"西首二楼鲁迅当年的起居室则改建为鲁迅纪念室。纪念室尽管不大却很有特色。室内的展板、模型等等，都是历届校友和教师们亲手制作的。其中一件文物堪称"镇室之宝"，那是一位名叫"金声教"的校友捐赠的毕业文凭，毕业时间是宣统二年

（1910 年）五月，上面有各科的毕业考试分数及有关教员的签名，其中有周树人（即鲁迅）的署名和印章。纪念室窗外的一株樱树，相传是鲁迅亲手所植。此说不知是否确切，因为鲁迅在这里仅待过十个月的时间。但那树的确已有百年树龄，满树樱花，极为繁茂。

由于师范学堂的人际环境很不理想，第二年暑期，周树人便辞职还乡，担任绍兴府中学堂的博物学教员及监学。这所学校现为绍兴市第一中学初中部，校园内还保存了两栋老楼，其中一座便是鲁迅纪念室的所在。那是一座五开间的二层楼房，鲁迅当年的房间在一楼东侧第二间。室中以木板一隔为二，半间为办公室，半间为卧室；1990 年整修后作为"鲁迅纪念室"，门额上的题字出自周建人笔下。

辛亥革命成功后，鲁迅经好友许寿裳推荐，到南京临时政府教育部工作。后随教育部一同迁至北京。1912 年 5 月 5 日，鲁迅抵达北京；第二天，住进位于南半截胡同的绍兴会馆藤花馆。会馆内的环境很差，邻屋的客人时常彻夜喧闹，"至夜半犹大嗥如野犬"。有时鲁迅实在忍无可忍，大声怒斥，对方才稍有收敛，但隔不多时又故技重演。所幸后来他们走了，把朝向较好的房间腾了出来，鲁迅便搬了进去，但是周边嘈杂如故。1916 年 5 月，他又搬到会馆西南角的补树书屋——据说多年前在院中的槐树上曾经缢死过一个女人，所以西房那几间屋子始终没人住；周树人是学过医的，鬼神不惧，倒正好借此获得一份难得的清静。

在绍兴会馆的那几年，是鲁迅一生中最为消沉的时期。时局动荡，官场腐败，让人窒息。他觉得，中国犹如一间绝无窗户而万难破损的铁屋子，即使喊醒了其中较为清醒的几个人，也只能使他们陷于无可挽救的临终的苦楚之中。"这是怎样的悲哀呵，我于是以我所感到者为寂寞。"他只能靠抄录研究佛学典籍、古碑拓片等来麻醉自己的灵魂。

然而，一些老朋友不能容许他沉溺于这样一种状态中，说：既然有人起来了，就不能说绝没有毁坏这铁屋的希望。他们要求他，"你可以做点文章"！

鲁迅被深深地震动了，他感到自己有责任为打破这铁屋子做些什么。他拿起笔，开始写："我翻开历史一查，……满本都写着两个字是'吃人'！"

这篇名为《狂人日记》的小说在《新青年》上发表的时候，第一次使用了"鲁迅"这个笔名。

如今的绍兴会馆，是居民甚多的大杂院，鲁迅当年住过的小院也相当破败。那棵曾被鲁迅称为"高不可攀"的槐树在多年前毁于雷击，取代它的，是一株已有数十年树龄的枣树。这倒正与这小院的名字相合——"补树书屋"。文学意义上的"鲁迅"，正是诞生于院中那普通的西房北屋中。

居亦弗易：兄弟失和，悲哀的柳条箱

1919 年，绍兴的周氏家族日趋败落，又要卖掉仅存的房产。这时，在北京工作的鲁迅与周作人已经积累了一些钱款，他们决定将绍兴的老母及家眷接来北京，合家团聚。

从 2 月至 8 月，鲁迅四处觅屋数十次，最后选中西城八道湾胡同 11 号的一处院落。由于周作人去日本接家属，办理购房手续以及修葺改建的事情由鲁迅独自承担。经过三个月的紧张忙碌，11 月 21 日，鲁迅与周作人一家迁至新宅。12 月，鲁迅独自返回绍兴，料理老家后事，并将母亲鲁瑞、妻子朱安以及弟弟周建人一家接到北京。

起初的几年，鲁迅与周作人合作，为推动新文化运动的发展作出了很大贡献，鲁迅的《阿Q正传》便是在这一时期完成的。不料，1923 年 7 月，他们两人突然闹翻，鲁迅携朱安从家里搬了出去，兄弟二人从

北京阜成门鲁迅博物馆

此断绝来往。

　　关于兄弟失和的原因，他们自己从未说过，因此产生了种种猜测，比如有人说是鲁迅对周作人的妻子羽太信子"不敬"，有"听窗""窥浴"等行为。其实，只要在实地认真考察，便会发现这些流言都是无稽之谈。事情的真相或许并不复杂，如他们的许多亲友所认为的：由于羽太信子生活奢侈无度，以致产生尖锐的矛盾，最终导致家庭分裂。

　　由于周作人在抗日战争期间沦为汉奸，老宅始终未能被列为文物保护单位。"文革"期间，周作人难逃冲击，最终死在后院一间破烂的小房里。这所老宅完整地保留至今，实属难得。

　　两年前，八道湾周边地区开始拆迁，据说要作为北京市三十五中学的新址。消息引起社会的强烈关注，人们不能不为鲁迅故居的命运担忧。此后媒体的跟踪报道让人宽慰：学校的领导明确表态，该院将作为三十五中的校内文物保留，挂牌为"鲁迅纪念馆"；校方将对旧居进行修缮改造，力求恢复原貌；工程完成后，这里将成为学生图书阅览室。

1923 年 8 月 2 日，鲁迅携妻子朱安迁至西城区砖塔胡同 61 号（现为 84 号），就此离开八道湾。

这处院落是作家许钦文的妹妹许羡苏和她的同学俞芬帮助联系租住的，院子很小，除了俞芬、俞芳、俞藻三姐妹以及两位女工的住房，只余三间北房作为鲁迅一家的住处。三间房子总共只有 20 多平方米，西面一间是朱安的卧室，东面一间留给母亲，中间的堂屋则是鲁迅的房间。堂屋摆着一张小八仙桌，白天充当会客室和餐厅，晚上鲁迅就在这里写作；靠墙的一张木板床是他睡觉的地方。

兄弟失和给鲁迅造成极大的打击，他在搬到砖塔胡同后不久便肺病复发，就此种下了病根。十几年后，终于因肺病而辞别人世。

除了身体多病情绪低沉，最让鲁迅无奈的，是与朱安的朝夕相处。朱安被鲁迅称作是母亲所送的"礼物"。自从当年遵母命成婚，鲁迅始终对朱安采取一种躲避的态度，有许多年都是两地分居。入住八道湾后，鲁迅仍与朱安分室而居。但是到了砖塔胡同，矛盾就比较明显了。他们在这里共住了约 300 天，其中鲁迅的母亲来过十余次、前后住了 160 天左右，其他 130 多天则是夫妇独处。这是鲁迅一生中与朱安单独在一处居住最长的一段时间。他不爱她，但也没有理由恨她，因为她是孑然无助的，只能把自己一生的命运完全系在他的身上。这种状态，实在让人痛苦。

1924 年春节过后，鲁迅连续写了《祝福》《在酒楼上》和《幸福的家庭》三篇小说。这三篇小说的总体基调是消沉的，充满一种难言的无奈：《幸福的家庭》是对自身环境的无奈，《在酒楼上》是对社会环境的无奈，而《祝福》是对"社会弱势群体"——被压在社会底层的妇女悲惨无助境况的无奈。

但是，这也许仅仅只是一个表面现象——尤其是《祝福》。不久前，鲁迅刚刚在女子高等师范学校发表过一次演讲《娜拉走后怎样》，曾经忍不住说了这样一段话："在现在的社会里，不但女人常作男人的傀儡，就是男人和男人，女人和女人，也相互地作傀儡，男人也常作女人的傀儡，这绝不是几个女人取得经济权所能救的。"这不能不让人猜测，在春节期间"夜失眠，尽酒一瓶"状态下写出的《祝福》，是否会有一些特殊的隐喻，以宣泄鲁迅内心深处那些无法述说的痛苦？他与朱安，不也是在"相互地作傀儡"吗？

借居他人檐下毕竟十分不便。在搬到砖塔胡同的当月，鲁迅便四处奔波，试图寻找一个可以安家的合适住处。终于，他在 1923 年 10 月 30 日的日记里写道："至阜成门内三条胡同看屋，因买定第廿一号门牌旧屋六间……"

这是一处被鲁迅称为"破屋"的小院子，价格虽不算贵——仅 800 元，可修葺的费用却至少要 1200 元。"破屋"的大部分都需要重建，因此一直忙了七个月才得完工。1924 年 5 月 25 日，鲁迅偕朱安迁至新居，不久又把母亲接来同住。

西三条 21 号的院子不大，南房三间是会客室兼藏书室；东、西厢房作为杂房；北屋三间，东、西各是母亲与朱安的卧室，中间的堂屋是吃饭的地方。

鲁迅在中堂北面接出去一小间平顶屋子，作为自己的卧室兼书房，这就是日后很有名气的"老虎尾巴"。小屋面积不足 9 平方米，但鲁迅设计得很巧妙：朝北是很大的玻璃窗，既可避免阳光直射，光线又很充足，对写作十分方便。当然，若遇冬天，小屋正迎着北风，肯定比其他房间要冷得多，那也只好不予考虑了。

就是在这斗室之中，诞生了《野草》《彷徨》《朝花夕拾》《华盖集》等著名文集中的大部分文章及大量翻译作品。由于鲁迅笔锋犀利，被反动军阀及走狗文人咒骂为"学匪""土匪"，因此鲁迅索性把这屋子称为"绿林书屋"。

鲁迅与朱安生活在同一屋檐下，却终日无话，形同路人。正房中堂西墙下有一个柳条行李箱，是他们之间畸形关系的见证：鲁迅每次打开箱盖，里面都有朱安放在那里叠得整整齐齐的干净衣服，他将身上的脏衣服换下来放在翻扣的箱盖上，朱安自然会悄悄收去……日子在无奈的沉默中持续着，直到有一天，一个新的女性出现在鲁迅面前，事情才悄然发生了变化。这个女性就是许广平。

鲁迅当时受聘于北京女子师范大学，许广平是该校的学生。作为一个热切追求新思想的青年女性，许广平已经不满足于和其他同学一样，仅仅聆听鲁迅先生的授课，她渴望得到更多的教诲和启示。于是，她鼓起勇气，给先生写信。从此，他们建立了一种特殊的师生关系。在后来的"女师大风潮""三一八惨案"等重大事件中，他们由相识而相爱，最终走出北京，建立了新的家庭。

1950年，许广平将这处院落及其中的文物全部捐献给人民政府。1956年，鲁迅故居东侧的鲁迅博物馆建成并正式对外开放，故居为博物馆的组成部分。

鲁迅博物馆后来曾多次扩建。展厅中有一件特殊的展品，是鲁迅在上海逝世当天由日本友人奥田杏花制作的一个石膏面模，据说，上面还留有鲁迅的几根胡须呢！

顺带一提：当年为鲁迅与许广平提供结识机会的女子师范大学，如今是北京鲁迅中学所在地，校舍保存完好，仍在继续使用。鲁迅发表过演讲的礼堂被辟为"鲁迅生平展室"，展室门前，矗立着"三一八遇难烈士刘和珍、杨德群纪念碑"。此碑立于 1931 年，落款是"国立北平大学女子师范学院"——那是该校当时的名称。

从厦门到广州："大夜弥天，璧月澄照"

1926 年 5 月，鲁迅的朋友林语堂到厦门大学工作。经他推荐，厦门大学特聘鲁迅担任国文系教授兼国学院研究教授。恰在此时，许广平也从女师大毕业，将去广州工作。他们约好，先各自工作两年、积些钱，再作下一步的打算。因此鲁迅与厦门大学约定的受聘期限为两年。

1926 年 8 月 26 日，鲁迅日记载："……四时二十五分发北京，广平同行，七时半抵天津，寓中国旅馆。"

这是鲁迅平生第一次与一位女人——而且是他深爱的女人——携手并肩出行，没有任何人丁扰。

29 日抵达上海，他们顿失"自由"——由于各有亲友陪同，他们不能单独相处。四天后，鲁迅与许广平分别登船，一去厦门，一赴广州。

厦门大学建校时间较短，教职员工的宿舍尚未建好，鲁迅先是被安排住在生物楼上，后又迁至集美楼。集美楼是厦门大学早期五座主楼之一，鲁迅住在二层，原是一个能容五六十人上课的教室。那段时间时常有记者来访、学生求教，虽然并不冷清，但鲁迅仍然感到难耐的寂寞。学校里还有一些被他视为格格不入的同事和职员，难以相容，也让他感到不快。与许广平的通信，成了他最大的精神慰藉。也是在这段时间，鲁迅连续写出了《从百草园到三味书屋》《父亲的病》《藤野先生》《范爱农》等名篇。

至 11 月，情况有了一些变化。广州中山大学发来聘书，请鲁迅前去任教。早在 10 月中旬，鲁迅就接到中山大学的邀请，尽管由于种种

厦门大学鲁迅纪念馆

原因未能前往，但已有些动心。如今结果明朗，鲁迅却突然犹疑起来，在给许广平的信中也流露出如此情绪，"实在难于下一决心"。许广平何等聪明，知道鲁迅的迟疑有多种原因，比如朱安的存在、对"名声"的顾忌，等等。她比鲁迅直率得多，明确表态："我们也是人，谁也没有逼我们独来吃苦的权利，我们也没有必须受苦的义务的。"

然而，如果不是一个突如其来的外部刺激，鲁迅也许还会在那漫长的爱情之路上继续徘徊迟疑难作决断。

刺激来自他以前的合作者高长虹。高长虹是一个山西青年，因创办文学刊物《狂飙》而与鲁迅结识，二人多有来往。由于投稿问题，高长虹与在北京接替鲁迅编辑《莽原》的韦素园发生矛盾，竟将矛头转向鲁迅。被骂得莫名其妙的鲁迅终于按捺不住，发表《所谓"思想界先驱者"鲁迅启事》等文章反击。但对于高长虹为何反目，他还是有些糊涂。

一个月后，鲁迅收到了韦素园的一封来信，说不久前高长虹发表了一首诗，从而引起流言，称高长虹自比太阳，许广平好比月亮，而鲁迅是黑夜，以致吞没了太阳所爱的月亮。

鲁迅大为愤怒——如果高长虹居然是一个潜在的"情敌"，倒真的需要抖擞精神认真对待呢！很快，鲁迅便写出一篇长达七千来字的小说《奔月》。故事表面上说的是射日的后羿与嫦娥的感情故事，攻击的目标却对准那欺师灭祖的徒弟逢蒙——即高长虹的化身。

不久，鲁迅给许广平写了一封很重要的信，终于大胆发出一声高呼："我可以爱！"

鲁迅与高长虹的"月亮之争"，是现代文坛的一桩奇案。说来荒唐：那事情的起因居然基本是虚构的。有人认为，高长虹的诗是写给当时有名的才女石评梅而非许广平；鲁迅视高长虹为"情敌"，实在是选错了对象。但是，这件事情，却促使鲁迅迈出了关键的一步。

1927 年 1 月 16 日，轮船载着鲁迅在月光下向广州的方向驶去。那里，有他心中的"月亮"。

如今的厦门大学，已经是具有相当规模的现代化高等学府。由五座风格独特、格局对称的楼房组成的群贤楼群依然屹立，东面第二座是鲁迅曾经住过的集美楼，如今门上悬着"鲁迅纪念馆"的匾额。纪念馆共设五个展室，其中"鲁迅与许广平"专题展室中的许多珍贵藏品是周海婴捐赠的。除了照片、文献和一些生活用品，还有一个破旧的木制行李箱，那是许广平从青年时代离开广州外出求学直到与鲁迅结为伴侣，始终携带的随身之物。

长廊的西端北侧是"鲁迅故居"。房间不小，但陈设实在简陋，一张挂着蚊帐的板床，几件油漆斑驳的家具；藤桌上拥挤地摆放着汽炉和锅盆，可见鲁迅自炊的不易；窗前斜搁着的老式书桌，应是鲁迅伏案工作的地方，《两地书》中的许多封信便写就于此处。

鲁迅刚到厦门时所住过的生物楼，在抗日战争期间毁于战火，后来在原址的基础上又建起一座新楼，名为"成化楼"。

1927年1月18日，鲁迅抵达广州，暂时住进一家旅馆。第二天，许广平与先期到达广州的孙伏园前来迎接鲁迅前往中山大学。

据说，鲁迅是当时中山大学任命的唯一一位正教授，他还是中国语言文学系主任兼教务主任，自然应当享受最高规格的待遇，所以被安排住进了校内的主楼——大钟楼。位于一楼中部的礼堂很有些名气，是1924年1月国民党第一次全国代表大会的会场。

作为"助教"，许广平每天都前来陪伴。有一个细节很有趣，鲁迅在与许广平看电影的时候，一定要孙伏园作陪。旧历新年过后不久，孙伏园前往武汉工作。数日后许寿裳抵达广州，接续了"陪同"的角色，并搬到大钟楼与鲁迅同住。

随着开学日期的临近，有大量杂事需要劳心费力。开学以后，工作更加繁重，而每天络绎不绝的来访客人更让鲁迅感到苦不堪言。3月15日，鲁迅与许寿裳、许广平一同外出看屋，选定白云路一处楼房；3月29日，他们三人一同迁入新居。

此处居所位于白云路南端的西南角上，名为"白云楼"，鲁迅他们分别住在二楼的三个房间。许寿裳只住了两个多月，于6月5日离开广州前往上海，鲁迅与许广平继续住在白云楼。有人认为，鲁迅与许广平是从这时开始同居的。

4月12日，蒋介石在上海发动政变，大肆剿杀共产党人；4月15日，"清党"之风蔓延到广州，中山大学也有数十名师生被捕。4月21日，鲁迅宣布辞去中山大学一切职务。《鲁迅全集》注释说："广州'四一五'反革命事变发生时，鲁迅在中山大学担任教职，因营救被捕学生无效，忿而辞去一切职务。"其实，鲁迅自己多次说到，辞职的主要内在原因，是由于顾颉刚。历史学家顾颉刚在厦门时曾与鲁迅共事，由于各种原因产生矛盾。鲁迅未曾料到，中山大学居然也聘请了顾颉刚担任教授，他宣布绝不与其共事，当即辞职。不久后，他们的矛盾趋于公开，甚至差点儿打官司。五年后，鲁迅发表在《三闲集》中的《辞顾颉刚教授令"候审"》一文，便是当时情况的真实反映。许多迹象表明，此事存在许多误会。可惜，他们的这一误会持续多年而未能消释。

鲁迅辞职以后，在白云楼又继续住了五个多月。那段时间，他面临极大的压力。有人大造谣言，要么说他因"亲共"而躲起来了，要么说他跑到汉口去了。所以他不能走——一旦离开广州，流言必然更甚。他定下心来，整理一下旧稿，编定了散文集《野草》《朝花夕拾》，写了一些杂文。直到 9 月 27 日，才告别那"九蒸九晒"、热得他满身痱子的白云楼，登上太古公司的"山东号"轮船，前往上海。

这次远航，鲁迅并不孤独。因为，有一位女性，将陪伴他度过人生最后一段航程——那就是他所挚爱的许广平。

如今，在原先的中山大学主楼"大钟楼"一楼东侧，设立了广州鲁迅纪念馆。遗憾的是，由于该建筑年代久远，已属危楼，2008 年我去参观的时候，二楼鲁迅当年的卧室兼工作室已停止对外开放。

上海万国公墓：人生的最后归宿

1927 年 10 月 3 日，鲁迅与许广平抵达上海，暂时住进一家旅馆。几天后，周建人在自己的居所附近找了一处房子，鲁迅与许广平便搬了过去。

那是一处典型的"石库门"楼房，在闸北的东横浜路景云里。周边的居住者多是商务印书馆的职员和文化界的人士，比如叶圣陶就住在 10号，茅盾在 11 号。鲁迅住在 23 号，前门斜对茅盾家的后门。

入住甫定，自然有许多朋友来访，有人发现了一个奇怪的现象：鲁迅的卧室兼书房在二楼，而许广平却独住三楼；若有比较生疏的客人来访，许广平总是避免下楼；有时实在躲避不开，鲁迅只好对客人说：这是我的学生，是来帮我校对的。长此以往，难免遮掩不住。

在他们的爱情历程中，鲁迅总显得有些畏首畏尾，而许广平始终表现得比鲁迅要主动、大胆、旷达。若干年后，鲁迅逝世，他的好友许寿裳在撰写《鲁迅年谱》的时候遇到了一个难题：严格而言，朱安才是原配夫人，而鲁迅与许广平的关系又该如何记述呢？思索良久，他索性直接征求许广平本人的意见。她当即回复：就写"与许广平同居"好了。因此，许寿裳最后的定稿就是："十六年（1927 年）……十月抵上海。八日，移寓景云里二十三号，与番禺许广平女士同居。"

他们的房子隔壁是大兴坊，人等混杂，终日喧嚣。所幸不久 18 号的住户迁走了，他们便搬了过去。同时，周建人一家也搬到了一起。这一次，是周建人一家住楼下，鲁迅与许广平住二楼。

有意思的是，鲁迅在其后不久写给友人的信中还说："许女士仍在三层楼上。"对于相互极其熟悉的人，鲁迅居然还要如此掩饰，那复杂的心理状态，表现得淋漓尽致。

许广平怀孕后，鲁迅又搬了一次家，即隔壁的 17 号。1929 年 9 月27 日，他们的孩子呱呱坠地，鲁迅给儿子起的名字叫"海婴"。

鲁迅到上海后，先后参加中国自由运动大同盟及中国左翼作家联盟等社会团体。由于这些组织与共产党有密切的联系，立刻引起当局的注意。鲁迅的作品常被查禁，本人也遭到通缉。

景云里已经不可久留，鲁迅连续看了几处房屋都不理想，最后还得求助于内山书店的老板内山完造。1930 年 5 月 12 日，鲁迅一家迁入拉摩斯公寓。这是一座四层楼房，鲁迅一家住在三层。房间不少，有两间卧室以及独立的会客室、餐室、浴室、厨房和凉台。就居住条件而言，

上海鲁迅故居

也许是鲁迅所住过的最宽敞舒适的地方了。

　　在拉摩斯公寓居住的那几年，鲁迅始终处于极不安定的状态之中。1932 年日寇发动"一·二八"战争，中方十九路军奋起反击，双方激战，流弹竟打穿了鲁迅书房的玻璃。鲁迅一家被迫外出避难，时间长达一个多月。而海婴体弱，经常患病，拉摩斯公寓的住宅采光不好，必须尽早换一个环境。这次依然是由内山完造帮忙，找到了一处比较理想的房子。

　　1933 年 4 月 11 日，鲁迅一家搬到施高塔路的大陆新村一弄 9 号居住。由于始终有"通缉令"的阴影笼罩，鲁迅一直需要隐瞒自己的真实身份，所以，他是以内山书店职员的身份住进来的，连户口都没报。

　　新居的环境不错，起码要安静得多。这里共有六排红砖墙体的三层楼房，每户前面都有一个小小的院子，各家单独出入。

迁入大陆新村之后，稍显安定，鲁迅更加忙碌起来。

如今许多人只知鲁迅是位作家，还不知他是位翻译家、编辑家、出版家，同时兼有校对、编务、美编、装帧设计等不少"职务"——许多书刊的封面图案，都是他亲笔手绘的。他已经是一位在国内外享有盛誉的名人，必然还要参加许多社会活动，这对他来说很危险，因为他毕竟还是一个正被通缉的"堕落文人"，随时都有被捕的可能。

1936 年 3 月初，鲁迅到一处书室查书，屋里太冷，居然中寒。经日本医生须藤五百三诊治，身体有所恢复，他便又开始工作了。5 月 29 日，病情突然加重，竟然需要打强心针。而病因却始终未能明确。许广平终于耐不住，与朋友们商议，不待鲁迅同意，便请了一位美国医生直接到家里来诊查——据说那是上海最好的两个治肺病的医生之一。

美国医生说，鲁迅是肺病，而且病情甚危。此后拍摄的 X 光片表明，他的诊断正确。

这张 X 光片非常重要。鲁迅去世后的 1984 年，上海鲁迅纪念馆邀请了 23 位著名专家对 X 光片进行研究分析，诊断为：一、慢性支气管炎，严重肺气肿，肺大疱；二、二肺上中部慢性肺结核病；三、右侧结核性渗出性胸膜炎。"大家一致认为鲁迅先生死于上述疾病基础上发生的左侧自发性气胸。"由此可知，鲁迅的病情所以在一夜之间突然急转直下竟致不治，是基于未能得到及时救治的"自发性气胸"。

可惜，这一诊断晚了 48 年。1936 年 10 月 19 日凌晨 5 时 25 分，鲁迅逝世。

10 月 22 日，鲁迅下葬于万国公墓，送葬队伍长达一公里还多，主要是学生、工人与普通市民。棺木上面覆盖着一面由民众代表敬献的白色大旗，旗上是沈钧儒手书的三个大字——"民族魂"。

1951 年 1 月，上海鲁迅纪念馆在大陆新村鲁迅故居一侧建成并正式开放，是新中国的第一个人物性纪念馆。1956 年 9 月，纪念馆迁入虹口公园；同年 10 月，鲁迅墓也自万国公墓迁至虹口公园内，并由毛泽东题写碑文。1988 年虹口公园更名为"鲁迅公园"。

鲁迅家族故居

——八道湾胡同 11 号

———

江小蕙①

　　我国现代著名文学家、思想家、革命家鲁迅（1881—1936），浙江绍兴人，原名周树人，字豫才。早年留学日本，初学医，后弃医从文。辛亥革命后任南京政府教育部部员，不久即随政府迁京。自 1918 年开始以鲁迅为笔名陆续发表了《狂人日记》《阿 Q 正传》《孔乙己》等大量作品，并先后参加《新青年》杂志编委会，创办《语丝》《萌芽》等刊物，大力支持进步刊物的创办活动。1927 年他在广州中山大学执教期间，因蒋介石破坏国共第一次合作，屠杀共产党人，愤然辞去中大一切职务。离粤赴沪定居后积极投入革命文学论争，先后参加发起了中国自由大同盟、中国左翼作家联盟以及中国民权保障同盟会，与宋庆龄共同营救被捕革命者，并提出"民族革命战争的大众文学"口号，为革命文学论争指明了方向，成为中国现代文学的奠基人。他的二弟周作人

———

① 江小蕙，鲁迅博物馆鲁迅研究室副研究馆员。

（1885—1967），原名寿，字星杓，号起孟、岂明、知堂等，为我国著名散文家、民俗学家。周作人早年也留学日本，后由鲁迅介绍来京任北京大学教授兼国史编辑。又为《新青年》主要撰稿人，在《新潮》等杂志发表了大量著作，成为五四新文化运动领导人之一。

鲁迅是周家的长子，因早年丧父，少年时代即挑起了家庭重担。自他与二弟在京有了固定工作后，即决定举家迁京安家立业。1919 年冬选定坐落在西城区八道湾胡同 11 号的一所大宅院。兄弟二人迁入新居后，鲁迅又亲往绍兴接来母亲及三弟周建人等家人。此时周家已是拥有 12 口的大家庭，居住在这所拥有三进四个院落的宅院里。它的前院很开阔，大门里有一座影壁，其后是一排前罩房，坐南朝北共九间，每三间一套，西侧有一间是连通中院的通道。中院正中有坐北朝南的三间大北房，鲁迅母亲住其中东侧一间，朱安夫人住西侧一间，中间堂屋为全家的饭厅。中院东西两侧各有三间厢房，东侧厢房为鲁迅的书房和卧室。后院有坐北朝南的九间后罩房，也是每三间一套。周作人一家住罩房东侧一套，周建人一家住中间一套，西侧一套为客房。此外在后院东侧另有一跨院，尚有六间后罩房，暂无人住。不久鲁迅为了静心写作，又从中院搬到前院罩房的中间一套居住。鲁迅把全家住房安排妥当后，又将三弟周建人介绍到上海商务印书馆工作。他们兄弟和睦相处，手足情深非同一般。

在五四运动和文学革命的大潮中，鲁迅与周作人双双步入了辉煌的里程。他们利用工作之余创作出大量佳作，鲁迅举世闻名的《阿 Q 正传》即诞生于这座住宅前院罩房里。周作人也继他的《人的文学》问世后又撰写了《平民的文学》《儿童的文学》等力作。又因他将日本知识界创办的"日向新村"介绍到中国，使他名噪一时。毛泽东为此曾到周家访问他。这所宅院逐渐成为了文坛巨子、著名学人经常出入的场所。它留下了李大钊、毛泽东、蔡元培、胡适的足迹。许寿裳、钱玄同、俞平伯、孙伏园、沈尹默、刘半农、章廷谦、马幼渔、齐寿山等人更是这里的常客。1923 年春，后院客房里迎来了一位来华授课的俄国盲诗人爱罗先珂先生，因他通晓日语，由周氏兄弟接待他比较方便。他在此居住了约半年方归国。周氏兄弟曾将他的作品译介到中国。1927 年这间客房又成为李大钊烈士长子李葆华的避难所。避难九个月后，又经周作人多方奔走，将李葆华送往日本留学，并将其弟李光华及大姐李星华从北平送往延安。随后周建人次子周丰三又在客房自杀身亡。这间客房成为故宅历经世间风云的重要见证。

1923 年秋，当兄弟二人正在以"文学革命"改造社会而战斗正酣时，故宅竟遭到一次大变故。

自全家迁京后，兄弟二人负担了全家生活费用，每月收入交由周作人日籍妻子羽太信子掌管和开支。但因她不善理财，常是入不敷出，需借贷弥补。鲁迅曾对此有言相劝，却遭她的忌恨。周作人偏听其妻一面之词和污蔑鲁迅对她不敬的谎言，竟然不顾一切给一向关心他的兄长写了一封绝情信，不许鲁迅再到他住的后院来，并拒绝鲁迅提出面谈的要求。从此怡怡兄弟竟成参商。鲁迅蒙受不白之冤被迫离家，在购得宫门口住房后，又将母亲接去共住。周作人妻达到了一手遮天独霸故宅的目的。七七事变后北平沦陷，周作人即被日伪政府任命为教育总署督办，成为依附日本侵略者的御用工具。故宅终日车水马龙，宴请不断，并进行了翻盖。正中三间北房建成日本式榻榻米卧室；最早鲁迅住过的东厢房改为客厅，名为"苦雨斋"；西厢房改为书库。

抗战胜利后，周作人被国民党政府以汉奸罪解往南京关押判刑，并没收财产，成为阶下因。解放后，他以撰文维持生活。当时的出版总署为了用其所长，邀他翻译希腊文学作品，终于在他 80 岁高龄时译成了希腊作家路喀阿诺斯的深奥作品《对话集》。此后不久，"文革"风暴袭来，经过九个月的残酷折磨和批斗，他于 1967 年 5 月结束了一生。住在故宅的家属先后移居他处，这所故宅逐渐成为一个居民大杂院。

（全国政协文化文史和学习委员会供稿）

梅贻琦故居：旗守卫 10 号

梅祖成

梅贻琦（1889—1962）伯父是五兄弟中的老大，字月涵，籍贯天津。15 岁时受教于张伯苓先生任校长的天津南开学堂，毕业后保送河北保定高等学堂深造。1909 年考取用庚子赔款派送的第一批留美学生，1914 年自吴斯脱大学电机工程系毕业后，次年应聘到清华学堂任教，1926 年任教务长。1928 年清华学堂正式定名为国立清华大学，同年底任清华留美学生监督。在清华曾多次发生驱赶、拒绝校长的情势下，于 1931 年奉召回国，出任清华大学校长。

贻琦伯父对办大学有深入的研究比较和明确的理念。办大学的目的：一是研究学术，二是造就有用之才，倡导通才教育。他的治校原则可概括为"民主办学，学术自由，廉洁奉公，公正严明"，并且终身奉行之。

抗日战争时期，在极端艰难的情况下，贻琦伯父实际担负了北大、清华、南开三校在昆明组建的西南联合大学校务。历时八年，直至抗战胜利，业绩斐然，西南联大成为中外高等教育史上之奇迹。

1955 年他自美国只身到台湾，以 66 岁高龄亲自踏勘，选定新竹为清华大学新校址，筹建清华原子科学研究所。

梅贻琦一生，把全部精力献给了两岸清华的事业，被誉为清华大学的"终身校长"。

我家祖辈原住天津。1926 年以后，梅贻琦五兄弟大都供职北平，祖父遂决定举家迁居北平，几经搬迁，最后租住于旗守卫 10 号。旗守卫是个古老的名称，远在明代北京城大明门内中央机构分布图中就有了旗守（手）卫。

旗守卫是北平前门内与司法部街平行的一条南北向的胡同，南口是绒线胡同，北口与銮舆卫夹道西口和刑部律例馆东口形成十字交叉路口，再朝北走，就是西长安街了。去中山公园和太庙只是咫尺之遥。在司法部街有北平地方法院和高等法院。附近还有高碑胡同、石碑胡同、兵部洼等。

旗守卫 10 号坐落在胡同西侧，是个具有两进不太完整的大四合院。1931 年夏，我家搬进旗守卫 10 号时，房子很新，据说房子落成后，房主人并未入住。我们租定后，仅略加粉刷、油饰。

走进大宅门是门厅，迎面是前院南屋的东墙，靠大门北边顺院墙有一排坐东朝西的平房，和前院东屋的东墙、北房的东墙等形成一个过道。这排平房用作厨房和仆人们的住房。大门靠南边有个带门的小院落，里面有几间小平房，堆放杂物。

进大门经过一个青砖铺地的小院，朝里走，上台阶，左边就是前院的五间南房，正常情况下是书房、客厅，平时没有什么人出进。从南屋出来朝北走，穿过一个垂花门，进入第一进大院，也是青砖铺地，北房有五大间，东西各有一间耳房，西边耳房和正房相通，老祖母使用靠西边的两大间和耳房，两大间有隔扇。中间堂屋供有祖宗和祖父的灵位，堂屋东边一间是大家庭的餐厅。东头一间是尚未成家的小姑姑贻玲的房间。东边耳房和正房不通，另有门出入。东屋、西屋各三间。西屋住贻瑞伯父（梅贻琦的二弟，京师高等师范学校毕业，曾任北师大附中等校国文教师，终生从事中学教育事业）一家。东屋备用。有时清华大学的贻琦伯父或是燕京大学的贻宝叔父（梅贻琦的五弟，曾任燕京大学哲学教授、文学院院长和抗战时期成都燕京大学代校长）由西郊进城，晚上若不回去，就住在东屋。1937 年日军进犯，爆发卢沟桥事变，贻琦伯父忙于迁校事务，伯母带年幼子女匆忙进城在东屋住了一段时间。

北屋、东屋、西屋都有较宽的廊子相连接，廊檐有和廊子漆成一色的铁皮筒槽，将雨水导入阴沟，院内地面平整，从不积水。祖母住的北房廊下，东边种着一棵海棠树，西边种着一棵白丁香树，每年暮春时节，两棵树花朵盛开，满院芬芳扑鼻。夏天院里搭有凉棚。

后院与前院的格局一样，只是没有南房。北屋有五间正房，东、西各一间耳房。后院和前院一样，有廊子相连，不怕下雨、日晒。初搬来时，这个后院主要是我的父亲梅贻瑶（梅贻琦的四弟，曾任山东邮政管理局局长）一家居住，1935 年，我们一家迁居南京，后院就由房主人另租他人了。

这所宅院，贻琳伯父（梅贻琦的三弟，曾任南京市、重庆市卫生局局长）只在 1932 年为老祖母贺七十大寿时由南京回来暂住过。

1957 年，为迎接国庆十周年兴建人民大会堂，整条旗守卫胡同和司法部街、銮舆卫夹道等全部拆除。

燕东园 28 号：永久的记忆

翦 安

　　北京大学燕东园 28 号是祖父翦伯赞的故居。这是一座二层小楼，绿树掩映，庭院幽静。2008 年 4 月 14 日，祖父 110 周年诞辰之际，"翦伯赞故居揭牌暨铜像落成典礼"仪式在这里举行。原全国人大常委会副委员长李铁映和司马义·艾买提分别用汉、维两种文字题写了匾额。同时，在北大勺园召开了"纪念翦伯赞先生诞辰 110 周年暨《翦伯赞全集》首发式"大会。置身其中，百感交集，追思之情油然而生。

　　我的祖父 1898 年出生在湖南桃源的一个维吾尔族家庭。1924 年赴美国加利福尼亚大学专攻经济学。1926 年回国从事马克思主义和中国历史的研究。1930 年开始参加有关中国社会性质和社会史问题论战。1937 年加入中国共产党。1940 年起，在周恩来的直接领导下，在重庆、上海等地从事统战和理论宣传工作。新中国成立后，任北京大学教授、历史系主任、副校长，兼任中国科学院哲学社会科学部委员、政务院文教委员会委员、中央民族事务委员会委员等几十个社会职务，他把自己的一生献给了他钟爱的党、国家和民族。

燕东园 28 号现貌

从 1949 年到 1968 年，燕东园是祖父工作、学习、生活了近 20 个春秋的地方，那里镌刻着他不朽的业绩，还有我作为一个孙女抹不去的记忆。

20 世纪 50 年代末，为了祖国建设事业的需要，祖父先后将自己的子女——我的叔叔和姑姑送往武昌和成都工作。燕东园只有他和祖母一起生活。他的孙儿女中，虽然只有我们姊妹三人留在北京，但我们还在市区读书，只有节假日才能与他一起度过。祖父母时常来市里看望我们，我们也盼望寒暑假的到来，希望生活在他们的身边。每当我们带着成绩册向祖父汇报时，祖父总是那么认真地查阅我们的学习成绩和操行评定，同时指出我们的优点和不足。祖母则会拿出糖果来作为奖励。祖父是那样慈祥，那样爱我们，每次从国外考察归来，总要给我们带回些小礼物：日本的娃娃、法国的七巧板、捷克的小卡通……可他对我们的要求却是严格的，从不放纵我们的错误。小时候我因为淘气毁了他亲手栽培的柠檬果，他批评了我。过后他又和蔼地对我说："这里的花木和公园里的一样，都是辛勤劳动的结果，你要知道爱惜它们。"

祖父喜爱书。他曾在一首诗中写道："何必腰缠十万贯，但求坐拥五车书。"小的时候就听父母说，祖父在抗日战争和解放战争时期多次冒着生命危险，从南京到长沙，从沅陵到溆浦，从重庆到上海，从香港到北京，几经长途辗转运输，保存了大量珍贵书籍，他的万卷书籍曾经躲过了日军的轰炸和国民党的炮火。新中国成立以后为了工作和史学研究的需要，祖父又收集了大量的图书资料。我记得，祖父二楼的书房不能随便进去，但一楼的书房倒是可以的。书房里书架高至屋顶，有一位戴着眼镜的陈先生，是中国科学院派来的文书，总是坐在书桌前用毛笔抄写资料。放假期间，当我们做完功课的时候，祖父就在书房里教我们如何用纸条夹在书中查找资料。那时，我和姐姐都只有 10 岁左右，需要登上椅子才能取到书架上的书，但是我们非常愿意去做，而且做得很好。祖父总是微笑着夸奖我们。我在祖父读过的书中发现，空白处和字里行间尽是圈圈点点。他说，那是心得、批注和标记。现在，我们姊妹都从事文献工作，祖父当时的教诲，使我们终身受益。祖父的藏书虽然没能躲过"文革"中的浩劫，但可以告慰祖父的是，他的藏书已尽归北大图书馆，供史学研究和历史教学之用了。

我们进入中学后，祖父更加注重我们课外知识的学习。他赠送我们的书籍中有《中国历史小丛书》《科学小丛书》等。他鼓励我们努力学习，长大成为有用的人。假期里，祖父与我们同游北京的名胜古迹。在驱车前往十三陵的路途中，在颐和园的长廊里，他用丰富的历史知识，给我们讲述一个个遥远而动听的故事。祖父教育我们热爱劳动，当我们告诉他，话剧《十三陵水库畅想曲》中，有祖父参加水库劳动的场面时，他高兴地笑着说："爷爷请客，你们看看我是怎么劳动的。"非常遗憾的是，那次票买好了，剧却因故停演。我们没能看到剧中的祖父，但这件事一直留在我的记忆中。罗广斌的小说《红岩》出版了，祖父在书的扉页空白处亲笔题字，赠送给我们姊妹三人，题字中写道："晏晏、安安、宁宁：这部书提到了我在三十年代所写的《中国史纲》……"这是我们第一次从祖父的口中，了解到他所走过的艰难历程。他那刚劲的笔迹，他那谆谆的教诲，至今让我记忆犹新。

新中国成立后，祖父身兼数职，工作繁忙，但总是抽时间与北大的师生在一起。他给自己立下一条规矩，每年的新年，都要到校看望一年级新生。他在《元旦试笔》诗中写道："弦管燕东年复年，少年一去不回还。愿君骑上骅骝马，同向红专猛着鞭。""无情日月转双丸，我亦曾经是少年。莫笑先生须发白，犹能振笔诛神奸。"他对学生的殷切期望，对自己的严格要求溢于言表。祖父平易近人，深得师生拥戴。燕东园28号也成为历史系中老年教师和学生代表经常集会的地方。节假日，客厅里少不了欢声笑语，他的浓重乡音夹杂在学生们的笑声中，让人感到气氛是那样和谐。祖父曾带我们参加过北大校园的周末晚会，他曾在《元旦参加北大学生晚会即景》诗中写道："今宵盛会满燕园，弦管高楼月正圆；旧事悲欢来梦里，新声歌板出灯前。"他和师生一起跳舞，是那样兴致勃勃。

每年的除夕之夜，当外地的叔叔和姑姑回到祖父母身边时，他们是那么高兴，一边和晚辈们聊天，一边又给我们小孩子猜谜。至今，我还记得他给我们猜的谜："年轻白胡子，年老黑胡子。有事摘帽子，无事戴帽子。"他用湖南桃源乡音，讲得绘声绘色。一到揭开谜底是"毛笔"时，我们笑得前仰后合，顿时，全家沉浸在无比的欢乐之中。

祖父20世纪30年代发表历史论文60余篇，完成了《中国史纲》第一、二卷和《中国史论集》等上百万字的重要著作。50年代，开始致力于史学建设。1961年，他担任全国高校历史教材《中国史纲要》的组织编写工作时已年逾花甲，祖父严谨的治学态度，给我们留下了难以忘怀的印象，我时常看到他中断用餐起身至书房写东西，家人习以为常，谁也不去打扰他。他终年被哮喘病所折磨，但仍彻夜不眠查找史料。冬季，他常要住进北京医院疗养，当母亲带着我们去看望他时，还看到他与范文澜爷爷共同研讨学术问题。祖父一生著作宏富，发表论文 300 余篇，专著七八部，共 400 余万字。祖父的学生、北大历史系教授张传玺先生和十几位专家学者历经 10 年的艰苦工作，终于使 600 万字的《翦伯赞全集》（10 卷、照片 206 幅）于 2008 年问世；同时，在民族出版社同人的努力下，《翦伯赞诗集》（张传玺辑注）也在祖父诞辰 110 周年之际出版发行。这是可以告慰祖父在天之灵的。

祖父曾经对我们说，中华民族并不都是炎黄子孙，汉族以外还有很多少数民族，我们就是维吾尔族。少数民族对祖国也有很多贡献。他让我们读每一期《民族画报》，对少数民族地区的每一个进步他都感到由衷的高兴。田汉新编话剧《文成公主》由青年艺术剧院演出后，祖父同我们一起观看了这场话剧的彩排，他赞扬文成公主第一个把中原文化的种子送到青藏高原。祖父说，作者用他的大笔在人民的舞台上扫除了历史遗留下来的汉族主义和狭隘的种族或民族主义的影响。

祖父非常关心少数民族地区的文化发展，1956 年，他以全国人大代表的身份赴湖南视察，访问了故乡——回族和维吾尔族聚居的桃源县。1961 年夏，又应乌兰夫同志的邀请，率民族历史研究指导委员会代表团，访问了内蒙古自治区的许多地方，他在《扎兰屯即景》一诗中写道："遥望远岫青千叠，最忆溪流绿一篙。如此风光真是画，不须粉墨写鲛绡。" 1961 年 12 月 3 日，祖父优美的游记性史学散文《内蒙访古》在《人民日报》上发表，受到社会广泛赞誉。这篇散文被历年出版的高中语文教科书选为教材。

祖父始终眷恋自己的民族、自己的故乡，他许愿要带我们回新疆寻根，看看我们祖先生活的地方。然而，他的夙愿却未能实现。2007 年 8 月，天津市政协文史资料委员会应新疆维吾尔自治区政协文史资料委员会之邀，派我赴乌鲁木齐参加西北五省市政协文史资料工作交流会。当我如愿踏上新疆故乡的土地时，似乎祖父就在我身边，我心底涌上的第一句话就是"我们回来了"。会议期间，我们到了吐鲁番等地进行短暂考察。我第一次亲身感受到了故乡坎儿井的神奇，火焰山的炽热，葡萄沟的荫绿，维吾尔人的热情。但由于时间仓促，我未能到我们祖先生活过的哈密和高昌故城。站在交河故城的遗址上，我的的确确感受到了祖先生活和迁徙的艰辛。

来故乡之前，我对祖先的认识是从祖父的文章《我的氏姓，我的故乡》开始的。祖父说："历史上有些突然发生的事情，真是令人想不到的。当我的远祖住在塔里木盆地的时候，他们做梦也没有想到他们会东徙中国本部。但是 13 世纪初鞑靼人的世界征服正像一阵狂风暴雨，横扫世界而过，许多弱小种族的人民便像沙砾一样，被这历史上的暴风雨卷上天空，又落到他们自己想不到的地方。我的远祖哈勒就在这暴风雨的时代中，不自主地离开了他的故乡，徙向中国的内地。""14 世纪中叶，历史上又飘起一阵狂风，把鞑靼征服者扫逐出了中原。在这一历史的风暴中，我的始祖八士遂又像沙砾一样，被卷到湖南。"数典念祖思故土，山水犹思故乡人。在新疆，很多维吾尔族青年都知道在湖南桃源有一位维吾尔族历史学家翦伯赞。历史界的维吾尔族学者们也在努力研究翦氏远祖哈勒东徙中土，始祖八士再徙湖南的历史。尤其让我感动的是，一位新疆政协的维吾尔族朋友对我说，他们曾到过桃源进行过考察，表示要好好研究这段历史，绝不能让这段历史中断，因为新疆和湖南籍的维吾尔族血脉相通。

1966 年"文革"初期，祖父以"资产阶级反动学术权威"之罪名被报纸点名批判，随后被揪出批斗。当母亲带着妹妹到燕东园 28 号探望祖父母的时候，祖父很平静地对孙女说，告诉两个姐姐都下乡吧。当时母亲和妹妹都哭了。那是祖父留给我们的最后一句话。后来我的堂弟大畏从武汉又去探望过祖父母，祖父那时神情呆滞，和堂弟打过招呼便不再说话了。1968 年，造反派强占了燕东园 28 号，将祖父母幽禁在北大东校门外蒋家胡同的一间小黑屋里，后又移居燕南园 64 号的平房，虽然祖父已得知毛泽东主席发出的"最高指示"特别提到"对北京大学的翦伯赞、冯友兰要给出路"，但当时的极"左"派仍旧组织"翦伯赞专案组"对祖父迫害逼供，要求祖父证明 1935 年刘少奇与国民党谈判时有变节行为。祖父坚决不说假话。面对屈辱他与祖母双双饮药离世。就在那一年，我的父辈都去了干校，我们孙辈都去了乡下。从此燕东园的生活便成为我永久的记忆。

祖父的故居"文革"后成为北京大学附属小学的办公楼。2007 年，北京市政协委员、民族出版社副总编艾尔肯·哈德尔（维吾尔族）的一宗提案，很快得到北京市委市政府的批复、落实。恢复后的祖父故居将建成"爱国主义教育基地"。

祖父带着许多的遗憾走了，但他说过，"不管时代如何苦难，我总是走自己的路"。他的一生忠于自己的信仰，实践了自己的诺言，他革命的一生已被重新承认，他的马克思历史学家的声誉已经得到恢复。1978 年邓小平同志亲自批示"我认为应予昭雪"。1979 年，中共北大党委召开了祖父的追悼会，为之平反昭雪。1998 年，在北大召开了纪念祖父百年诞辰学术座谈会。10 年前，原全国人大常委会副委员长赛福鼎·艾则孜在纪念祖父百年诞辰纪念会上的讲话，久久在我耳边回荡："翦伯赞教授留给我们的是他光彩夺目的学术思想，是他博大深远的人格力量，是他追求真理的勇敢精神。"

胡适故居

——东厂胡同 1 号

胡文立①

胡适生于 1891 年，安徽绩溪人。原名嗣穈，学名洪骍。1904 年到上海进入新式学堂。1910 年考取庚子赔款官费生赴美国留学，这时他改名胡适，字适之。在美国先就读于康奈尔大学，学习农业，后改学文，再又转学于哥伦比亚大学，在名教授杜威门下学习哲学，获得博士学位。1917 年 1 月，胡适在《新青年》杂志发表《文学改良刍议》。1917年夏回国，任北京大学教授。1918 年加入《新青年》编辑部，与陈独秀、李大钊等成为新文化运动的领袖人物。他发表大量文章，大力提倡白话文和白话诗，宣传科学、民主、自由，提倡个性解放，主张建立法治国家。胡适信奉实用主义，他一生不相信一切没有实践过、没有根据的东西。1919 年发表"多研究些问题，少谈些主义"，主张改良主义。1920 年离开《新青年》。1922 年创办《努力周报》。1923 年与徐志摩组

① 胡文立，胡适之侄，北京邮电大学教授，原重庆邮电学院院长。

织新月社。1924 年与陈西滢、王世杰等创办《现代评论》周刊。1928
年创办《新月》月刊。1932 年与蒋廷黻、丁文江创办《独立评论》。
1938 年在国难时期任驻美大使，在这期间曾作出可贵的贡献，1942 年
卸任。抗日战争胜利后，1946 年出任北京大学校长。1948 年 12 月 15
日，与一些名人一起乘专机离开北平，后又转赴美国。1958 年任台北
"中央研究院"院长。1962 年 2 月 24 日在研究院院士会议上，讲话到结
束时心脏病复发，突然倒下，医治无效，与世长辞。

胡适一生在哲学、文学、史学、考证学等诸方面，都有着开创性的
成就。他首创新红学。他的著作很多，有《中国哲学史大纲》（上）、
《白话文学史》（上）、《中国章回小说考证》、《胡适论学近著》、《四十
自述》、《胡适文存》等等。

胡适除做学问外，还发表了大量的时政言论。他担任北京大学校长
期间，我已十几岁，父亲常在节假日带我们兄弟去看望伯父胡适，因此
我对胡适在北京最后的住处还有些印象。这就是王府井大街东厂胡同 1
号，也就是现在的中国社会科学院近代历史研究所所在地。胡适的住宅
是北京大学分配给他住的，大门坐北朝南，大门内不只是胡适的住宅。
进大门稍向东拐，再向北就是胡适家的门厅。他家共有三排房子，中间
夹有两个庭院。

第一排一进门厅，左首是厨房，右首是餐厅。餐厅很大，南北向放着一
张很大的长方形餐桌。我们去时，吃饭的人不多，常只坐在餐桌的南端，吃
的多是安徽的家乡菜。餐厅东面还有一间小屋，里面放有一些餐具。

第二排房子共三间，中间较小，是门厅，左首为卧室。一进卧室横
放一张双人床，左边靠窗放一台很大的高级收音机，还有几把椅子。再
向里是卫生间。走出卧室正对着胡适的书房，这个书房还兼做会客室。
室内右前方靠窗横放一张很大的硬木写字台，这是一张很特别的写字

东厂胡同一号现貌，原建筑已不存

台，它两面都有抽屉。我们兄弟每次去时，胡适常坐在写字台的东面，面对书房门，他常是在看书或写着什么。书房北墙和东墙都是书柜，书柜中整齐地放满了常用书籍杂志。书房西北角是通往后院的通道。

第三排房子是一排北房，这是他的书库，里面放了一排排书架，书架上摆满了各种各样的书刊。听父亲讲，七七事变时伯父有 100 箱书存放在天津某银行中，其中大部分大概就是从天津运回来的吧。看到这些书，我当时的第一印象是，伯父真是一个大学者。在这排房子中，有一间是胡适小儿子胡思杜的卧室。

三排房子的中间，是前、后两个庭院，前院较大，约为正方形。中间有十字砖埋的走道，它把庭院分为四块土地。土地上种有一些花草，如石榴、丁香、夹竹桃等。庭院东面、西面都有走廊，东面走廊中间有个小门，通向一个大花园。里面也有很多房子，还有养鱼池，它不属胡适的住所，是现在的考古研究所所在地。西面走廊中间也有个小门，里面是烧暖气的锅炉房。有时客人们会在院中休息聊天，他们中间我印象最深的，有钱思亮和毛子水。钱思亮是刚刚从美国回国的化学系的年轻教授，他很健谈。毛子水是当时北京大学图书馆馆长，他像是一个老学究。他们谈话的内容，我们小孩子是听不太懂的。中间一排房子的后面是后院，它较前院小些，是长方形，也种有一些花草，院中的西南角，还有一个小卫生间。

2003 年我曾有机会到东厂胡同 1 号去考察，看还有没有遗留下来的老房子。可惜的是一间都没有找到，只能见到一些楼房和新盖的平房。其实这座大宅子真该保留。它曾是黎元洪住过的地方；抗战胜利后，它被划为北京大学文科研究所，除胡适住过外，还住过北京大学的其他名教授，如傅斯年、范文澜等；1949 年后郭沫若也在这里工作和生活过。

（全国政协文化文史和学习委员会供稿）

郭沫若故居
——前海西街 18 号

———

皇甫玙①

    郭沫若（1892—1978），祖籍福建省汀州府宁化县，生于四川嘉定府一个商人家庭。学名开贞，号尚武，又名郭鼎堂。读完中学于 1914 年赴日本留学。1918 年入九州帝国大学医科学医，后弃医从文。1919 年步入文坛，首次使用"郭沫若"笔名。笔名取自故乡的两条河流名——沫水和若水。1920 年出版了与田汉、宗白华通信合集《三叶集》。1921 年，与成仿吾、郁达夫等发起建立文学团体——创造社，出版了第一部诗集《女神》，开一代诗风，被誉为中国新诗的奠基之作。1923 年回国。1924 年翻译日本《社会组织与社会革命》一书，受到马克思主义影响。1926 年后，任广州中山大学文学院院长，同年参加北伐，任国民革命军总政治部副主任。1927 年写了讨蒋檄文《请看今日之蒋介石》，参加了南昌起义，由周恩来介绍加入了中国共产党。1928

———

    ① 皇甫玙，北京市工商联调研室干部。

年旅居日本，从事中国古代史和古文字学的研究工作，先后写出《中国古代社会研究》《甲骨文字研究》《卜辞通纂》等重要著作。1930 年参加左联。1937 年回国，在周恩来直接领导下，组织和团结国民党统治区的进步文化人士，从事抗日救亡运动，曾任国民政府军委会政治部第三厅厅长、文化工作委员会主任。1941 年皖南事变后，他相继创作了六部历史剧，其中《屈原》以杰出的政治性、艺术性引起强烈反响。1944 年发表《甲申三百年祭》，毛泽东特致信给他，说将此文当作延安整风的文件看待。这一时期他考证了先秦社会历史，分析评价各派哲学人物，撰写了《青铜时代》和《十批判书》，开拓了马克思主义新史学领域。

新中国成立后，历任中央人民政府委员、政务院副总理兼文教委员会主任、中科院第一任院长、中科院哲学社会科学部主任、中国科技大学校长等职。曾为中国文联主席、中共中央委员、全国人大常委会副委员长、全国政协副主席。他创造性地把古文字和古代史的研究结合起来，开辟了史学研究新天地；他在哲学社会科学的众多领域，包括文学、艺术、哲学、历史学、考古学、金文甲骨文研究，以及马克思主义理论著作和外国进步文艺的翻译介绍等方面，都有重要建树；他长期从事科学文化教育事业的组织领导工作，对发展我国科学文化教育事业作出了不可磨灭的贡献。

郭沫若故居坐落于西城区前海西街 18 号。早先，这里曾是清乾隆宠臣和珅的花园，后归属恭亲王府。民国初年，为同仁堂的支脉——达仁堂创办人乐达仁所购买，将其修建成中西合璧式庭院，新中国诞生之初献给国家。1950—1959 年这里是蒙古人民共和国驻华使馆。1960—1963 年为宋庆龄寓所。1963 年 11 月郭老迁居此处。

郭老逝世后，1979 年郭沫若著作编辑出版委员会迁入。1982 年 8

郭沫若故居正门

月郭沫若故居列入全国重点文物保护单位。1988 年 6 月郭沫若故居正式
对外开放，郭沫若全身青铜坐像在故居的草坪上落成。1992 年，北京市
政府命名郭沫若故居为青少年教育基地（后更名为爱国主义教育基地）。
1994 年，更名为郭沫若纪念馆，由郭老的女儿郭平英担任馆长。

　　故居的大门坐西朝东，门上方悬挂着邓颖超同志于 1982 年 9 月题
写的"郭沫若故居"金字木匾。步入大院门，跃入眼帘的是被松柏环绕
的小山包、草坪、银杏树和花卉。1954 年春，为祈祷于立群早日康复，
郭老特从京郊大觉寺移树苗栽在西四的宅邸，1963 年又将它移植此院
中，称之为"妈妈树"。郭老的坐像安放在妈妈树的北侧草坪中。

　　一条蜿蜒的甬道直通垂花门，门内是由正房、东西厢房所组成的两
进四合院。前院有正房五间，左右耳房各两间，厢房三间；后院有后罩
房十间，由红绿相间的抄手游廊、檐廊将全部房屋连接为一体，典雅而

郭沫若故居内的庭院

别致。院内植有蜡梅、垂瓣海棠、牡丹等花木。

前院东厢房是"郭沫若的文学世界"专题展室，西厢房为"郭沫若与中国史学"专题展室。展出的有关甲骨文的手稿曾于 1937 年遗失，20 年后竟被找到，并千里迢迢从日本运回到中国。郭老感慨地将装手稿的小木箱题名为"沧海遗粟"。这木箱现展放于郭老的书房内。正房由西至东依次为郭老的会客室、书房兼办公室和卧室，基本保留了主人生前的格局与陈设。

坐北朝南的大客厅内沿窗摆放着一组简朴的沙发，右侧钢琴前的单人沙发是郭老接待来宾和友人的专座。客厅的西壁是傅抱石于 1965 年春所作题为《拟郭沫若九龙渊诗意》巨幅山水画，画幅下陈列着主人收集的形态、色泽各异的观赏石。

在书房兼办公室内，引人注目的是悬挂在东西壁毛泽东手书的《西江月·井冈山》复制品和于立群书写的魏碑体毛泽东诗词《沁园春·

雪》。书桌上摆放着台灯、笔筒、台历、毛笔和助听器。1967年和1968年，郭老的爱子世英、民英相继死于非命，他饱含深情地用蝇头小楷抄录了孩子的日记寄托哀思，这日记本也放于此桌上。

郭老的卧室设于耳房内。单人床下放着一双黑布鞋，床右侧是放置《二十四史》的书箱，主人生前时常翻阅《二十四史》。东侧有一个带镜衣柜。

在通往后罩房的走廊壁上，是由郭老题写匾额的"故宫博物院""保卫和平""荣宝斋""中国书店""北京人民艺术剧院""中国银行""北海公园""中山公园"的照片。后院正对客厅的是于立群的书房。这里悬挂着郭老于1961年秋书"咏武则天"墨迹和于立群用小篆书写的毛泽东诗词等。此屋被郭老一家亲切地称作"妈妈屋"。两侧曾为于立群及儿女们的卧室，现为"郭沫若的人生历程"展室，用照片和实物涵盖了郭老86年丰富而又曲折的人生历程。

后罩房西端有郭老生平录像播放。西壁以傅抱石巨幅山水画为背景，上面有郭老的一段话："我要以松柏的态度来刻画出自己的年龄，能成为合抱的大木给天下的劳人以一片清荫，即使中途遭了电击或者枯死，我也希望它的残骸能够供给贫苦人一把取暖的柴。"这正是郭老对自己人生的写照。

老舍故居

——丰富胡同 19 号丹柿小院

———

舒　乙①

　　老舍（1899—1966），满族，北京人。原名舒庆春，字舍予。曾任全国人大代表，全国政协常委，中国文联副主席，中国作家协会副主席、书记处书记，北京市文联主席等职。

　　1918 年老舍从北京师范学校毕业后，曾任北京十七小学校长、天津市南开中学语文教师。1924 年赴英国，任伦敦大学东方学院中文讲师，其间创作了长篇讽刺小说《老张的哲学》《赵子曰》《二马》。1930 年回国后，先后任齐鲁大学、山东大学教授。1936 年，代表作长篇小说《骆驼祥子》问世。全国抗战爆发后，老舍开始写剧本，从事抗战文学活动。1944 年，老舍开始创作以沦陷了的北平为题材的长篇巨著《四世同堂》。1946 年，赴美讲学。1949 年回国。1951 年，北京市政府授予他"人民艺术家"称号。

————————

　　① 舒乙，老舍之子，第九、十届全国政协委员，中国现代文学馆原馆长。

老舍故居正门

　　老舍先生最后的住所是一座普通的小院，位于北京东城区迺兹府丰盛胡同，门牌 10 号，几乎是在市中心，交通方便，离王府井商业街和著名的东安市场、隆福寺都很近，市立二中、育英中学、贝满中学就在附近，小孩子能就近上学，萃华楼、东来顺、灶温这样的老字号饭馆也近在咫尺，下小馆绝用不着发愁。

　　这小院的优点是能闹中取静，平常只有花上的蜜蜂和树上的小鸟能愉快地打破它的寂静。

　　大门开在一个南北走向的小胡同里，胡同以明代一个公主的名字"丰盛"命名。胡同的南口通迺兹府，即奶子府大街（今称灯市口西街）。先生去世后，丰盛胡同改了名，叫丰富胡同，门牌也改了，现在是 19 号。

　　进了大门，有一座砖影壁，有两间小南房，是看门的工友住的，冬天也是石榴树、夹竹桃的避寒处。老舍先生搬进来之后，在大门里靠着街墙种了一棵枣树。砖影壁后面，老舍先生求人移植了一棵太平花，这是故宫御花园里才有的名花。后来长成了一人多高两米直径的一大簇，而且满树白花，送牛奶的工人一进大门就大声嚷嚷："好香啊！"小南屋房檐下还放着一大盆银星海棠，也是一人多高，常常顶着一团团的红花，老舍先生送客人出门时，常常指着它说："这是我的家宝！"

砖影壁的后面是个小外院，自成体系，有三处灰顶小房。外院有一街门通向酒兹府大街，但从不使用。外院的空地是老舍先生的花圃，种过菊花和大丽花，多达百余盆。

里院修饰之后还很像样子，有北房五间，东、西房各三间，全是起脊的瓦房，中间是一个方方正正的小院。进大门绕过太平花有一个二门通向里院，迈进二门又有一个木影壁，漆成绿色。有十字甬道通向东、北、西房。甬道之外是土地，可以栽花种树。老舍先生很看重这点，他一生喜爱花草，却少有机会实践。有了这块空地，可以试验了，完全随心所欲，去培育，去美化，去创作。头一件事是托人到西山移植了两棵柿子树，甬道两边一边一棵。因这两棵柿树，后来，夫人胡絜青为小院取名"丹柿小院"，称自己的画室为"双柿斋"。老舍先生去世后，日本作家水上勉先生连续写了三篇悼念文章，全以这两棵柿子做篇名——《蟋蟀葫芦和柿子》《北京的柿子》《柿子的话》。柿子成了这座小院的标志。

在这座小花园中繁殖过许多种花草，其中有被老舍先生称为家宝级的植物，还有一棵昙花、一株蜡梅、一大棵宁夏枸杞、两大盆山影、一大缸水葱、红白黄三种令箭荷花。

北屋正房三间中有两间是当客厅用的，靠东头一间是夫人的画室兼卧室。东耳房是卫生间，装有抽水马桶和洗澡盆。东耳房的墙外有一间小锅炉房，内装一台小暖炉，供冬季全院采暖用。西耳房是老舍先生的书房兼卧室，又黑又潮又小，住了几年，又做了一次大改动。原来的东西耳房和东西屋的东北墙之间都各有一块小天井，改造之后，分别加了灰顶，装了玻璃门和纱门。东边的冬天当餐厅；西边的和西耳房打通，成为一大间，还有棚顶上加开了天窗，增加了室内亮度，地面加铺了木地板，解决了"黑、潮、小"的问题。老舍先生在这间屋里生活了16年，度过了他的晚年，创作了24部戏剧剧本和两部长篇小说，其中引起轰动的是《龙须沟》《柳树井》《西望长安》《茶馆》《女店员》《全家福》《正红旗下》。话剧《龙须沟》使他荣获了"人民艺术家"的光荣称号。话剧《茶馆》成为北京人民艺术剧院的保留剧目，曾代表中国话剧第一次走出国门，享誉欧美亚。而长篇小说《正红旗下》则成为和《猫城记》《离婚》《骆驼祥子》《四世同堂》《月牙儿》《我这一辈子》《微神》并列的传世之作，是他的小说代表作之一。遗憾的是，《正红旗下》没能写完，1963年以后的政治环境使小说的创作被迫中断。

客厅里的陈设是严格按老舍先生的意图布置的，处处表现了他的情趣、爱好和性格。客厅除了花多之外，就是画多，墙上总挂着10幅左右的中国画，以齐白石、傅抱石、黄宾虹、林风眠的画作为主，宛如一个小小的美术画廊。

秋天是北京黄金季节，风小，天高气爽，菊茂蟹肥，也是老舍先生在家中最忙的时候，他也频频地邀请朋友到家来赏菊。他把东屋腾出两间来，将饭厅临时改作花的展厅，把上百盆独朵菊花按高低分行排列，供人观赏。赏菊之后，自然要"赏"一顿北京风味的吃食。

当一个充满了生活情趣的老人，以最大的热情营造一个梦寐以求的家的时候，这个家一定是别出心裁的，而老舍先生的家是以高度的东方文化色彩而光彩夺目的。它的确可爱，是个很有味道的家。

（全国政协文史委供稿）

紫藤书屋几度秋

——冰心的福州故居

卓　如

　　轮船从蔚蓝色的东海转入碧绿的闽江，烟台海军学校校长谢葆璋站在甲板上，他魁伟、潇洒，身旁挨立着一位天真、俊俏的少女谢婉莹——冰心，眺望两岸的景物。谢葆璋指着罗星山上耸立的古塔对女儿说："你看，那就是有名的罗星塔，宋朝就建起来了，每一层都有石砌栏杆和泻水檐，檐角下悬着铃铎，海风吹来，还能发出叮叮当当的响声。"冰心兴奋地说："爹，有好多层呢，比烟台的灯塔还要高……"清脆、柔美的声音，飘洒在江面上，谢葆璋听着，猛然忆起"舵楼风细听铃语，月近家园渐觉圆"的诗句，充满深情地说："啊，快到家了！"

　　福州的家，在冰心的脑海里仍是朦朦胧胧的，她从父母那里听到的是，福州是个优美的府城，乌石山、于山、越王山（屏山）三山鼎立；白塔、乌塔遥遥相对；三坊七巷，星罗棋布。家，的确就要到了。

　　冰心随着父母，在伯父和堂兄的导引下，进入家门。这是福州典型的建筑，穿越一个长长的通道，来到天井，上了厅堂，拜见了祖父谢銮

冰心故居正门

恩，祖父把冰心拉到身旁，慈祥地笑说："莹官都长这么高了！"接着又在母亲的指点下，恭敬地向伯母、叔母们请安。父母同大家庭中的众人寒暄后，就到厅堂右边的房子里，这间宽敞的前房，有小门通后房，这前、后房就是冰心和父母以及三个弟弟的卧室。

冰心一回到福州，仿如众香国里新添的奇葩，堂姐婉珠、婉榕、婉聪带着冰心绕过屋前的走廊，转入旁门，只见紫藤书屋的窗棂上，一根根圆圆的柱子，都雕了花，很像一片片墨竹的叶子，既朴素大方，又幽静淡雅，冰心很喜欢这个地方，她觉得紫藤书屋虽然不像正房那样轩敞，却有一股寥廓清明之气。她们转到另一个院子，那是堂姐同伯叔父母住的，厅堂两边的柱子上，有一副大红纸的楹联：

海阔天高气象
风光月霁襟怀

紫藤书屋牌匾

对联，是东方文化的一颗明珠，它内容相关，字数相等，结构相应，加上与书法艺术结合，具有欣赏性和实用性，成为中华民族独特的瑰宝。在福州的宅第里，都用精练语言，抒情写意。此时，冰心已读过不少唐诗，对借鉴唐诗对偶句式的楹联，有特殊的亲切感。她特别注意看书房、客厅、堂屋墙上的对联，诸如："雷霆走精锐，冰雪净聪明。""有子才如不羁马，知君身是后凋松。"她都铭记在心。她们转到后院的花园，那里栽着果树和各种各样的花，然后回到正房的后厅，墙上挂着一幅画像，旁边有一副对联："谁道五丝能续命，每逢佳节倍思亲。"大姐婉珠告诉冰心："这是五月节那天去世的大公（曾祖父），依公（祖父）写了这副对联，纪念大公。"

在这幢大宅院里，冰心很喜欢厅堂的轩昂和明亮；她不时地走下大石板铺就的台阶，站在天井里，仰望蓝蓝的天空；靠近井栏，俯视井底，她感到水井是深不可测的。这时，正赶上福州有了电灯公司，谢家也开始安电灯，冰心和一班孩子们跟着安装工人到处跑，这新鲜事吸引了他们，他们兴奋地看着工人们把电线从房顶上吊下来，每间屋子都装上一盏电灯，加起来有五六十盏灯。第一夜电灯骤亮时，整座房子灯火辉煌，冰心和兄弟姐妹们都拍手欢呼。

和睦的家庭氛围，是世界上最独特的开不败的鲜花，没有东西比它更温馨、更甜美；只有它最适宜于新一代的健康成长。冰心的家庭，祖父是一家之主，他学识渊博，为人师表；父母亲和他们的兄弟妯娌和睦友爱，冰心和堂姐妹们都亲昵平等。在这样的大家庭中，迎接新岁，更是热闹非凡。腊月二十三日，送灶王爷上天，祭灶的灶糖灶饼，是烟台所没有的。大人们开始忙着扫房，从屋顶到地板的角角落落。擦洗门窗，还要把香炉、烛台、柜子上的铜锁，都擦得锃亮。腌槽肉，槽鱼，蒸红、白年糕；做各种不同馅的粿。伯母还用金、银纸箔叠元宝，准备过年供神祭祖之用。除夕之夜，点起蜡烛烧起香，端上酒菜供祖宗，冰心也跟着依次磕了头。那年夜饭，是一年当中最丰盛的了。正月初一，冰心穿上母亲缝制的新衣，先到大厅堂给祖父拜年，然后给父母亲及其他长辈拜年，从长辈们的手里，接过装着压岁钱的红纸包。表兄、表姐们也都来拜年，都住在这座大宅里，比平日更加热闹。表姐们聚在一起，谈论绣花、梳妆、脂粉等，有时也到后花园帮助祖父修整浇灌花草。表兄们在西院客厅吹弹歌唱，下棋作诗。

新年的余兴未消，又迎来了上元天官赐福之辰。值此元宵佳节，外婆家都要给小孩子送灯，送来的灯总是要多出一盏，预兆着添丁，多的那盏灯，总是给冰心。她屋里墙上挂的是画着"三英战吕布"的"走马灯"，手里提的是两眼会活动的金鱼灯，另一只手拉着一盏脚下有轮子的"白兔灯"，她心里洋溢着英气和喜悦。谢家居住的南后街，正是榕城灯市最集中的地方，冰心随着表兄、姐，堂姐妹们到街上看灯，家门口的方兴桶石店，节日也兼卖各种的灯，上面画着精细的花鸟人物的大玻璃灯、纺灯、料丝灯、牛角灯，元夕之夜，全都点起来。一路往前走，游人如织，欢声笑语，街道两边的花灯，有朵朵出水的芙蓉，有鲜红的荔枝，有凌空翱翔的百鸟，有奔腾的走兽……特别是玲珑飞动的鳌山，光华闪烁的彩棚，这明亮绚丽的场景，一股脑儿涌到她的眼帘。"火树光腾城不夜，银花焰吐景长春"；"明烛送来千树玉，彩云移下一天星"。她仿佛走入古人的诗境，来到童话的世界。

元宵过后，一年一度光彩辉煌的日子就结束了，生活的旋律由热烈复归于平静。冰心又寻找到一个新的天地。她与祖父的住处只隔一个厅堂，那边的前后房只祖父一人居住，除了眠床、书桌外，就是满屋满架的书。祖父拥着书看书、作诗、写字，只偶尔外出访友。冰心经常钻进书房。她看到祖父的书桌旁边挂着一副对联："知足知不足，有为有弗为。"字都很好认，只是祖父为什么把这对联作为座右铭不甚明了，祖父对她解释说："有的东西，比如衣、食、住吧，虽然简陋素朴一些，也应当'知足'；而对于追求知识学问和修身养性上，就常常应当'知不足'。对于应当做的有益于世道人心的事，就应当勇往直前地去做；而那些违背道义的事，就应当坚决不做。"这两句有骨气的话和祖父语重心长的教诲，永远铭刻在冰心纯洁的心灵上。祖父的书房，在她眼前展现出一个知识的海洋，多么辽阔，多么精深，她一得空就钻进去翻书看，当她翻到清朝诗人袁枚的笔记小说《子不语》时，她被书中所记的怪异之事深深地吸引住了，越看越有趣。看完一部书，她就放回原处，再抽出一部书来……中外文学作品，从少女时代，就给予她欢乐和希望，在她心灵深处，点起了星火。

中华民国成立后，孙中山先生公布了许多除旧布新的政令。教育部在蔡元培的主持下，采取了改进教育制度、革新教育内容的措施。福州也将原来的女子职业学堂改为女子师范学校。冰心报考女子师范学校预科。虽然她只在烟台家塾里当过附读生，没有正式上过学堂，却以第一名被录取了。校长方君瑛，曾留学日本，参加孙中山在东京建立的同盟会，1911 年广州起义时，参与协助密运军火入广州。作为校长，看了考生冰心的作文，倍加赞赏，并说："我们的新校址，就是古代出神童的地方。宋朝时，蔡伯俙四岁就能作诗，为宋真宗所赏识，曾赐诗称'七闽山水多灵秀，四岁奇童出盛时'。蔡伯俙就住在我们巷里，所以花巷又叫奇童巷。现在革命成功了，也是盛时啊……"可是冰心考完后就出疹子，未能按时到学校注册，方君瑛校长很焦急，总是念叨："第一名怎么老不来呢？"冰心病愈后才到校上学，这里成为冰心科学知识之花最初萌芽的地方，学习的课程较多，她很用功，各门成绩都很优异。尤其得到国文老师林步瀛先生的赏识，林先生用朱砵笔在她的作文本上画了许多圆圈，有的篇章，几乎整页都画满了红圈圈。有时还用劲秀的朱笔，分别批了"柳州风骨，长吉清才"；"雷霆震睿，冰雪聪明"。

冰心因父亲已奉调到北京中华民国海军部任职，1913 年的秋天，她就随母亲北上京华。在福州南后街度过的少女时代的美好年光，给她留下了温馨、甜柔、深刻的记忆，成为她日后创作的素材。特别是《繁星》《春水》《往事》中的许多篇章，以及 70 年代末以来撰写的回忆性的散文，多是以这座宅院为背景的，写得亲切、委婉，扣人心弦。

随着城市建设的发展，福州的许多街道都在扩大，冰心故居的部分房屋拆了，只剩下天井、正房、紫藤书屋。80 年间，已几易其主，年久失修，已经很破旧了。但是，众多的冰心研究者、读者、崇拜者，从祖国的四面八方，来到福州参观冰心的故居。有的专程从广州骑自行车，到南后街寻旧。还有许多外国留学生，越过千山万水，来到东海之滨的榕城，观看这座"女作家的摇篮"。

10 多年来，多方人士建议保存冰心的故居。但是冰心先生始终不同意保存，并多次向福建省和福州市的领导，恳切地表明她的心迹。近年，福州市要改建杨桥路，冰心住过的这幢房子，也在拆迁之列。福建省文艺界知名人士，福州市文联多方呼吁，福建省和福州市领导决定保存并翻修这一建筑。

现在修葺一新的冰心在福州的故居，却挂着"林觉民故居"的牌子。原来黄花岗七十二烈士之一的林觉民，先前住在这幢宅院里，1905年同陈意映结婚，感情极好。1911 年广州起义前，林觉民回福建召集革命志士赴广州参加起义。在广州写下了广为传诵的绝笔书《与妻书》。在起义中，林觉民随黄兴往攻督署，举枪冲锋，后因受伤力尽被俘，被关押几天，一勺一水都不肯入口，从容就义。他的岳父时在广州供职，星夜派人送噩耗回福州。林家恐受株连，立即迁移住处，将房产变卖。冰心的祖父谢銮恩购买了这座宅子，地灵人杰，20 世纪以来，从这深宅里走出了辛亥革命的英雄，中国文坛的泰斗，著名的化学家谢为杰，航海家谢为楫……现在修复的宅院，是根据谢家居住时的原样翻修的，保存了冰心少年时代耳濡目染的对联。如今，到福州南后街 86 号参观冰心故居的人，可以听到讲解员娓娓叙述这座"才女的摇篮"原来的风貌……

田汉故居
——细管胡同 9 号

————

田　申①

　　田汉，原名田寿昌，1898 年 3 月 12 日生于湖南省长沙县一户贫苦农民家庭。早年得亲友资助，毕业于长沙师范学校并留学日本。五四运动时期，参加李大钊等创建的少年中国学会，与郭沫若等筹组创造社，积极投身于反帝反封建的新文化运动。1920 年起，开始发表戏剧作品。此后十余年间，他以上海为基地，致力于以话剧为主，兼及电影、戏曲创作，号称"南国艺术运动"的民众戏剧活动。在南方各地多次演出了他的话剧新作《苏州夜话》《名优之死》《湖上的悲剧》《古潭的声音》，影响遍于南中国。随着国民党右派在政治上日趋反动，田汉亦自觉地将其在野的民众戏剧活动与革命运动结合起来，及时创作演出了《火之跳舞》《一致》等歌颂群众斗争向资产阶级开火的剧本，标志着中国话剧运动的一个新的里程。

————————

　　① 田申，田汉长子，中国田汉研究会理事兼副秘书长、黄埔军校北京市同学会副会长。

细管胡同 9 号现貌

　　1932 年，田汉参加中国共产党，任左翼剧联党团书记，其艺术活动从"南国"走向街头、工厂、学校，向更广阔的战地进军，并创作了《乱钟》《暴风雨中的十个女性》《回春之曲》《扬子江暴风雨》《风云儿女》等话剧和电影作品。同时与聂耳、冼星海等合作谱写了大量革命歌曲，其中《义勇军进行曲》不仅成为当时抗日救亡斗争的号角，以后又被选定为新中国的国歌。

　　"七七"抗战开始，田汉立刻编演了话剧《卢沟桥》。1938 年，国共二次合作，田汉参加军委政治部三厅的工作，任第六处处长，负责艺术宣传。在他参与主持下组建了十个抗敌演剧队，同时他还创作改编了不少戏曲剧本，如《江汉渔歌》《新儿女英雄传》《岳飞》等。1944 年在桂林，还与欧阳予倩等组织了"西南戏剧展览"，成为抗战时期国民党统治区进步戏剧的空前大检阅。

　　新中国成立后，田汉历任文化部戏曲改进局局长、艺术局局长、中国戏剧家协会主席、全国文联副主席等职。同时，他还满怀激情地创作了话剧《关汉卿》《文成公主》及戏曲《白蛇传》《谢瑶环》等优秀作品。

　　"文化大革命"中，田汉受到残酷迫害。1968 年 12 月 10 日，田汉负屈含冤，瘐死狱中。1979 年 4 月 25 日，党和人民为他平反昭雪，恢复名誉，郑重宣布田汉同志"是忠勇无畏的无产阶级文化战士，他的一生是革命的一生，战斗的一生，不断追求光明与真理的一生"。

　　北京市东城区细管胡同 9 号，是一所两进的四合院，那即是田汉在 1956 年后的寓所，他和夫人安娥奉养老母在此颐养天年。父亲和祖母曾在这个院落度过一段安静的日子，父亲也在这里创作了他晚年的几部名作：《白蛇传》《西厢记》《关汉卿》《谢瑶环》。后进院子的北屋中间是客厅，在这里他曾接待过许多文艺界的中外友人。北屋的西侧室是父亲的书房，也是他的工作室，他在这里笔耕不辍，用他毕生的武器——锋利的毛椽留下了他宝贵的华章。后进的西房，是他和安娥的卧室，安娥在因病瘫痪以后，这里也是她的静养之处。在西边过廊的中屋，是祖母的住房，里面没有卫生间。在西面的房子里还给我留了一间房，我在部队工作时回到家里，带着孩子们和老奶奶及爷爷、奶奶团聚在一起，其乐融融。

　　东房住着秘书黎之彦。前面的院子则住着公务员老杨，他也是我们家的老人了，他做得一手好菜。前面还有一间仓库，有两棵杨树和柳树，夏日常闻蝉鸣。

　　里面院子有两株枣树和榆树，父亲又栽种了葡萄，搭了架子。祖母在边上又种了黄瓜和丝瓜，沿着架子四周缠绕而上，夏天浓荫蔽日，秋天果实累累，祖母和父亲摘下来尝鲜，自耕自种自己收获，乐趣无穷。院子虽然不大，但农家气氛浓厚。老祖母虽已年过九旬，但身体健康，清早起来，喜欢搬一个小板凳，坐在庭院阴凉处，做些零碎活。中外文艺界的朋友们来到我们家做客，都为我们家的田园风光所倾倒。

后来，父亲在旧居中的平静生活，被迭起的政治风波所破坏。1964年，他去上海参加华东话剧会演，即受到张春桥一伙的诬蔑陷害。1964年后，"四人帮"操纵的报刊，对他的剧本《谢瑶环》的"为民请命"批判不断，直至"文革"达到顶峰。

1966年12月的一个晚上，"四人帮"的一伙爪牙闯进家里，经祖母的床畔把他带走。他对九旬高龄的祖母说："妈，您放心吧，我会回来的。"

从此他离开了家，再也没有回来。由于全家人都受到隔离审查，家里就只剩下年过九旬的祖母和志愿照顾她老人家的湘剧老艺人陈绍益的夫人张菊贞相依为命。1971年12月的一个晚上，孤独的老人终于灯枯油尽，带着不可解答的疑惑，离开了这个世界。1975年10月，"中央专案组"召集田汉的家属到细管胡同9号，宣布对田汉的"结论"。我们这才知道父亲早已于1968年12月10日被迫害致死，而且被定为"叛徒"，"永远开除出党"。父亲收藏的书籍和文物全部没收。这是父亲死后家中面临的最大浩劫。父亲的书房本来是封闭的，可现在都要打开，书房中除了有近十万册的图书，还有父亲多年保存的手迹、书信、照片、名人字画。这些文物的价值都是无法估量的，我们不但为父亲被迫害致死而痛心疾首，还要承受"叛徒"罪名的株连，而谁知道仅在一年以后，"四人帮"就被粉碎了，这场浩劫，真是天大的不幸啊！

"结论"宣布后，田汉故居的命运可想而知，许多人争相入住，院中的田园风光当然也遭到毁坏，整个院子面目全非。在田汉的冤案平反以后，虽然东城区将田汉的故居挂牌定为文物保护单位，但实际上院子里早已成为大杂院，昔日庭院宁静的气氛已经无处可寻了。

张恨水京华旧居寻踪

———————

朱小平

　　张恨水是中国现代文学史上最负盛名的章回小说大家，一生除散文、随笔、画论、诗词外，共著有中长篇小说 110 余部，超过 3000 万字，这个纪录迄今为止无人超越。他的《啼笑因缘》《金粉世家》《春明外史》等当年在报纸连载，风靡一时，常常是报纸尚未印出，大批读者已是排队待购。他的小说也是中国被改编成电视剧、戏剧最多的，仅《啼笑因缘》就有十多次被改成电影、戏剧、电视剧。他的小说以"社会为经，言情为纬"，同情下层劳动人民，揭露社会黑暗势力。周恩来曾举他的《八十一梦》称赞他"用小说揭露黑暗势力"，"同反动派作斗争"。毛泽东也读过他的小说，在重庆谈判期间曾单独晤见张恨水，谈了两个多小时。他痛恨日本侵略中国，曾向国民党当局请缨，只要番号，不要经费，回故乡组织抗日游击队杀敌，但未获当局认可。

　　张恨水是安徽潜山人，在他人生的 72 个年轮里，却有 40 多年工作、居住在北京（除抗战约九年时间在南京、重庆等地），在这 40 多年中，又有 21 年先后居住在西城区北沟沿（今赵登禹路）、砖塔胡同，其

1963 年，张恨水在砖塔胡同家中

中在砖塔胡同居住时间最长，约 16 年，直至逝世（1967 年农历正月初七）。

张恨水于 1919 年受五四运动影响，只身来到北京，经同乡援引进入《申报》。先后住在骡马市大街附近怀宁会馆及潜山会馆，后又经成舍我推荐为《益世报》兼职助理编辑，1930 年用稿酬租下门框胡同 12 号的四合院。林木扶疏，庭院曲折，有槐、枣、椿、桑等各种树木。

1931 年，张恨水创建华北美术专门学校，地址在东四十一条 21 号，此地原为清末军机大臣、礼部尚书兼总理衙门大臣裕禄府邸，张恨水聘刘半农为校董，聘齐白石、王梦白、于非闇、李苦禅等任教，历时四年，培养的学生有张仃、凌子风、蓝马等。值得一提的是学校实际是农工民主党（国民党左派）和中共地下党秘密据点。张恨水的四弟张牧野表面是教务负责人，实际是据点负责人。

"九一八"日本侵略东北后，他曾在北平参加人民抗日动员集会而被拘上囚车。后因以小说呼吁抗日，曾受到日伪黑名单的威胁，被迫出走南京。1946 年 2 月，张恨水所在的《新民报》由南京迁北平。张恨水购下北沟沿胡同甲 23 号一处四进四合院。张恨水之女张明明曾说："父亲 1946 年 2 月 15 日到达北平，在西城买了一所四进院子的大房子，共有三十来间屋。"张恨水之子张伍也说过：中院为张恨水的书房和会客厅，"院子里的树木多，每进院子都有树"。张恨水自己也有不少诗文描述院子里的景色，他有一篇散文《盆莲》，记叙院子养的莲花，情趣盎然，可见主人那时心境。院子里本身树木多，张恨水又从护国寺买了不少盆花，点缀院子的各个角落。他有一首诗咏院里枣树开花："小坐抛书着古茶，绿荫如梦暗窗纱。苔痕三日无人迹，开遍庭前枣子花。"看来张恨水是非常喜欢和满意这所宅院的。

张恨水的稿费据说在当时作家中是最高的，因为他除了报馆的固定工作，所写小说稿酬亦颇高，除先在报纸连载（最多时同时给六七家报写小说），又结集出书，并且反复再版，仅《啼笑因缘》即再版 20 余次。当时，《新民报》负责人陈铭德为新居送了一套高档家具，张恨水自己又用稿酬购置了一些红木家具。本来，张恨水以为工作稳定，又有稿费收入，一家十几口可以在此安居。不料，新中国成立前夕，张恨水存于大中银行的全部积蓄 10 两黄金，被经理王某卷逃。始被迫卖掉北沟沿胡同寓所（北沟沿胡同于 1947 年被北平市政府易名为赵登禹路）。1951 年，全家搬入西四砖塔胡同西 43 号一座一进四合院，直到 1967 年张恨水因脑溢血病逝，他一直居住在这里。43 号的门牌 20 世纪 50 年代后改为 95 号。2001 年家人将这所宅院出售，成为某饭店员工宿舍。

现在砖塔胡同西张恨水故居已于 2004 年 12 月被拆掉了。张恨水刚搬进时，曾写了一篇《黑巷行》描述这个小胡同的景象："出我的家门，黑魆魆地走上门前大路，上闹市，又要穿过一条笔直长远的大胡同，胡同里是更黑，我扶手杖，手杖也扶着我。胡同里是土地，有些车辙和干坑，若没有手杖探索着，这路就不好走。在西头遥远地望着末头，一丛火光，遥知那是大街。可是面前漆黑，又加上几丛黑森森的大树。有些人家门前的街树，赛过王氏三槐，一排五六棵，挤上了胡同中心，添加阴森之气。"这种描述大概和张恨水的心绪有关，一是被人卷跑了多年积蓄，二是因突发脑溢血住院（即住阜成门内的人民医院）。但由此也可窥见老北京当时胡同的真实面貌。"出我的家门"，实际43号院分前、后门，前门是北沟沿，后门才是砖塔胡同。张恨水先生非常喜欢老北京，他经常逛庙会、逛北京名胜如白云观、北海、西山等，病后他不再创作小说，闲暇常常作画。

张恨水在北平解放后已辞去报社职务，于1949年7月加入中国作协，后被聘为文化部顾问。由于患病创作极少，加上药费高昂，生活困难。1959年，由周恩来安排进入中央文史馆，除文史馆补贴外，还由北京市文联发放生活补助费，直至"文革"前夕。

1955年受邀参加全国政协春节团拜会，毛泽东关切询问他："为什么不见你的新作？"张恨水回答："一来生病多年，二来对工农兵生活不熟悉，恐怕难以胜任。"会后不久，毛泽东特意委托周扬向张恨水转达他自己对张恨水创作的意见：为工农兵服务，不能从字面上理解，老作家还是要写自己的题材。张恨水听了毛泽东的意见，直到1963年，创作《孟姜女》《孔雀东南飞》等八部中、长篇小说，并应中国新闻社之邀，向海外发表了不少反映新中国风貌的散文作品。

作为知名作家，他还受邀列席政协二届二次全会和最高国务院会议，听过毛泽东《关于正确处理人民内部矛盾》的讲话。

张恨水在晚年曾写过《元旦示儿》："照眼梅标岁月赊，文章老去浪淘沙。涉园须解怜芳草，敬祖才能爱国家。手泽无多惟纸笔，心铭小有起云霞。一鞭追上阳关近，莫让前程绿眼遮。"这是老人在勉励子女热爱家园、为祖国的繁荣昌盛作出贡献。但何尝不是一个爱国老作家的内心写照？

梅兰芳在京城的故居

刘嵩崑

京剧大师梅兰芳的故居，一般均指北京西城区护国寺街9号（原1号），实际这里仅是梅兰芳的晚年寓所。该处原为晚清庆王府的马厩，民国时曾为禁烟总局办事机构，后一度成为军人住宅，此院共有房37间，新中国成立后曾作为招待所。1951年，梅兰芳由上海迁回北京，任中国戏曲研究院院长。当年周恩来总理拟让梅氏全家仍迁回东城无量大人胡同（今红星胡同）旧居，梅兰芳当即婉言谢绝了周总理的美意，言道："那所房子我早已卖掉，今天我不能借政府之力再把它收回来，请随便给我安排一处住所吧。"最后定居护国寺寓所，直至逝世。

李铁拐斜街45号：一代京剧大师诞生于此

梅兰芳在京城内，除西城区、东城区的寓所外，在宣武区、崇文区均有其故居，有的仍在，有的保存完好。

清光绪二十年（1894年）阴历甲午九月廿四日，梅兰芳诞生于宣

李铁拐斜街 45 号现貌

武区李铁拐斜街 45 号（今铁树斜街 101 号）。该寓所为其祖父梅巧玲
（1842—1882）购置，是一所普通的四合院，原宅院外沿街建有高墙，
门楼与宅门相对，倒座儿南房三间半，半间辟为门道，迎门为雕砖影
壁，原两厢房南山墙间为木隔墙，中为月亮门，东、西厢房各两间，
北房为上"四破五"带前廊。光绪八年梅巧玲病故。梅兰芳之父梅竹
芬（1872—1897），因患大头瘟病故于此宅，梅兰芳时年仅三岁，为
梅门独子。孤儿寡母随祖母和伯父、伯母生活。一家数口仅靠伯父操
琴的微薄收入维持生活，其处境可想而知。无奈于庚子年（1900
年），将此梅家老宅售出，移居离此不远的百顺胡同东段路北租房栖
身，先住在武生杨小楼、小生徐宝芳（琴师徐兰沅之父）的隔壁院
内，不久又迁入徐、杨两家的前院，今此住所早已翻建。梅兰芳幼年
曾就读于该巷东口外的万佛寺湾（今万福巷）私塾馆。杨小楼常顺道

抱着或背着他去书馆，有时还给他买吃食，谁能想到两位十几年后常合演《霸王别姬》《长坂坡》等多出戏。梅兰芳九岁从吴菱仙学开蒙戏《战蒲关》。11 岁首次登台演出于广和楼，客串昆曲《长生殿·鹊桥密誓》，此为戏中戏。

从芦草园到青云巷：探索艺术之路

清光绪三十三年（1907 年）举家迁至崇文区居住，梅兰芳时年 13 岁，先后在该区居住有四处之多，是梅兰芳于京城居住最多的一个区。首先迁入的住所是珠市口东大街（原三里河大街）迤北的北芦草园，此时梅家的经济状况正处于窘迫时期，故该住处是梅兰芳一生居住最简陋的一处。就在迁入此宅的当年，他带艺搭喜（富）连成社借台演戏，虽拿到的仅是极少的点心钱，非正式戏份儿，但从心理上觉得自己已开始挣钱了。当第一次把钱双手捧给母亲时，母子俩的兴奋心情是可想而知的，慈母激动得流下了热泪。孰料第二年的农历七月十八日，其母杨长玉（前辈武生名家杨隆寿长女）病故于这所简陋的房内，享年仅 32 岁。

宣统元年（1909 年），15 岁的梅兰芳已是失去双亲的孤儿。该年又随祖母和伯父迁至三里河大街迤南的鞭子巷头条一所四合院内（2001年因扩宽广安大街，该巷已不存）。16 岁时，因变声"倒仓"离开了喜连成社科班停止演出。不满一年嗓音恢复后，正式搭班演出，有了固定收入。此时孝服已满，于此宅内与前室王明华（名老生王少楼之姑母）结婚，次年其子大永出生。

1912 年，梅兰芳 18 岁时，全家又移居鞭子巷三条（今锦绣三条 26号，现为天坛派出所）。这是一所普通的小四合院，寓所原坐北朝南（现从南房西侧开门通往前院办公室）。该院北房为上共五间，左首两间

青云胡同 29 号现貌

为其祖母卧室，右首两间为其伯父、伯母居住。因其祖母喜欢看经念佛，故当中一间设为佛堂。院内东西厢房各为三间，梅兰芳夫妇住西房。东屋为厨房、饭厅。倒座儿南房为三间，两间为客厅，一间是书房。其伯父梅雨田是著名的琴师，长期辅佐"伶界大王"谭鑫培。清光绪三十二年（1906 年）梅雨田被选入升平署进宫承差，他为人老诚，绝不会做非礼之事，更谈不到犯法扛枷。凡场面乐器无一不精，常于客厅接待前来讨教京昆音乐问题之人，并于此课徒传艺。迁居此处不久，其伯父便将银钱往来、日常度用的账本交付于他，从此梅兰芳便开始掌家。梅雨田于秋季病故此院，享年 47 岁。该年正乐育化会发起募捐义演，会长谭鑫培特提携梅兰芳于同乐园（华乐园前身）首次合作演出《桑园寄子》，谭时年 65 岁，梅仅 18 岁。虽后来又合演了《汾河湾》《四郎探母》等戏，但论辈分、资历、声望和艺术，当年的梅兰芳没有资本敢与大于自己 47 岁爷爷辈的伶界大王抗衡唱对台戏，谭鑫培亦非为此而亡。

　　1913 年秋，其女儿五十刚满周岁，梅兰芳以二牌旦角随头牌老生王凤卿赴沪演于丹桂第一台，因年不足 20 岁首次出远门，故由其伯母陪同照顾。除梅、王合演《武家坡》《朱砂痣》等生旦对儿戏外，梅另单演《彩楼配》《玉堂春》等，并得王凤卿提携，以《穆柯寨》首次演大轴戏，这也是梅第一次演扎靠戏，颇获好评，上海唱红，身价倍增。为期 45 天的演出期满后载誉返京。离家日久思念亲人，归途中深深体会到"归心似箭"的心情。回到阔别两月之久的鞭子巷寓所，更感受"祖母倚闾，稚子候门"的滋味。当全家人围坐一起吃饭时，祖母说道："常言说得好'勤俭才能兴家'，你爷爷一辈子帮别人的忙，照应同行从不吝啬，给咱们这行争了气。可他自己非常俭朴，从不浪费有用的钱。你要学你爷爷的为人处世，也要学他勤俭的美德。我们这行的人成了角儿，钱来得太容易，就胡花乱用，糟蹋身体。等到渐渐衰落下去，难免挨饿受冻。像上海那样繁华的地方，我听到有许多名角儿都毁在那里。你第一次去就唱红了，以后短不了有人来约请你，你可得自己把握好，别沾染上那吃喝嫖赌的坏习气，这是你一辈子的事，千万要记住我今天的话。"祖母这一番训诫，成为梅兰芳一生立身处世的指南。

　　梅兰芳喜欢养鸽子，在院内东房旁搭建鸽子棚，每日天一亮，便给鸽子喂食、换水、清扫，随之放飞训练。他睁大眼睛随着鸽子飞行注目观望，日久天长，竟把双目锻炼得炯炯有神，对他的艺术表演起到了极大的作用。此次由沪返京，见到这些小别重逢的小宠物，犹如朋友相聚般的格外亲切。

　　1914 年 10 月，梅兰芳于天乐园首演根据实事编演的时装戏《孽海波澜》。1915 年于吉祥园首次演古装戏《嫦娥奔月》，该剧为与梅合作多年的齐如山为其编写的第一出戏，新颖的演出轰动一时。同年其子大永在鞭子巷三条夭折，次年女儿五十亦于此亡故，使梅兰芳极度伤感，促使他早日另迁新居。今该院虽历经沧桑仍基本保持原来的格局风貌，望有关部门对其略加修缮，恢复原门楼，早日挂上"梅兰芳故居"文物保护牌。

1915 年，演出收入日丰，遂以两千多银圆典了北芦草园西口青云巷 8 号（今青云胡同 29 号）寓所，该巷为南北走向街道，但街门却建在南房东侧间，使北房成为正房。该寓所为东、西两所打通的并列四合院，两院格局相同。街门设在东院，倒座儿南房面阔五间，东侧间辟为门道，街门面向南开，横楣上方为精致砖雕花纹。门外为青石门墩一对，因其地基高，门外置有数层青条石台阶。通过门道西行，西厢房南山墙间置有障墙，将南房隔于外院，步入屏门为一木制影壁，里院东、西厢房各为两间，今仍保持老式的窗格子。北房为上面阔五间带前廊。通过北房前可通西院，南、北房亦各为五间，均与东院房并连，北房亦带前廊。东、西厢房与东院相同。于西房南侧建有街门，平时此门不开，临街为高庙胡同（今为长巷五条 30 号）。如今两院隔断，东院原朝南的大门道已封死改为民房，今于东墙另辟街门（即青云胡同 29 号），原木制街门与石门墩移此。原院内铺地的大方砖与屏门、影壁早已不见。今为居民大杂院，毫无当年风采。今能有多少人知道 90 多年前，梅兰芳大师曾于此居住八年之久，又有多少各界名人出入此院？现该地区修缮工程已启动，盼此梅兰芳故居能早日恢复原貌。

梅兰芳在此居住之时，其表演艺术更趋纯熟。《黛玉葬花》《千金一笑》《天女散花》《麻姑献寿》《木兰从军》《宦海潮》《邓霞姑》《一缕麻》《童女斩蛇》《红线盗盒》《霸王别姬》《西施》等戏的首场演出，均是在此居住之时。

1916 年底，梅兰芳、杨小楼应朱幼芬之邀加入桐馨社，梅、杨于第一舞台首次合作《长坂坡》，"掩井"一折，二人配合默契，无人能比。

1919 年，梅兰芳为祖母办八十大寿，特于就近的三里河"织云公所"举办名家荟萃的大堂会戏。同年梅兰芳率团首次赴日演出，夫人王明华同往以照顾梅氏饮食起居。领队齐如山，琴师茹莱卿，一行 35 人，演出盛况空前。该年经罗瘿公举荐，25 岁的梅兰芳收 15 岁的程砚秋为徒。

1921 年，梅兰芳与杨小楼合组崇林社，为祝挚友冯耿光 40 寿辰，梅、杨合演《镇潭州》，梅反串杨再兴，杨演岳飞。因王明华所生子女均早殇，且因病再不能生养，梅兰芳兼祧两房，为续子嗣，经吴菱仙为媒，与崇雅社旦角福芝芳于十月初四结为伉俪。1922 年 2 月 15 日，梅、杨首次合演《霸王别姬》，轰动京城。8 月，梅自组承华社，10 月首次赴港演出，是年长子连升出生。1923 年 5 月，梅兰芳于寓所为其伯母胡氏举办 60 寿辰，该年长女二宝出生。同年梅氏全家告别崇文区，开始艺术生涯的新篇章。

无量大人胡同 5 号和东四九条 35 号：梅、孟从牵手到分手

29 岁的梅兰芳，举家乔迁东城区无量大人胡同（今红星胡同）5 号新购置的寓所（绝非摄影家协会旧址）。该宅院坐北朝南，为一秀丽纤巧的多层院落打通的豪华大宅，建有游廊、假山、花园、荷花池和洋楼。居室宽敞明亮，书房挂有"缀玉轩"斋名，乃诗人李释戡所起，为博采众家之长融为一体之意。在此向齐白石学国画，齐对梅言："太似则媚俗，不似则欺世。"使其在表演艺术上得到极大的启发。

1924 年，梅兰芳祖母 85 岁病故，同年次子葆琪出生。5 月梅兰芳于开明戏院专为印度著名作家、诗人泰戈尔演出《洛神》。10 月，梅兰芳率团第二次赴日各地巡回演出。1925 年三子葆琛出生，同年梅兰芳于缀玉轩接待了瑞典王储古斯塔夫六世夫妇。1926 年秋，梅兰芳携

无量大人胡同旧居一角

"冬皇"孟小冬赴津看望在日本人开的"井上医院"医病的王明华，王夫人对孟小冬颇有好感，主动做大媒，并将手上戒指摘下戴在孟小冬手上，作为订婚聘礼。1927年春节后的正月廿四日，梅兰芳与小他14岁的孟小冬结为伉俪，但新房不在无量大人胡同梅宅内，对外亦未公开。故金屋设在东四九条路北35号，此寓所为中国银行总裁冯耿光公馆（因建地铁张自忠路出口，今已不存）。证婚人冯氏为人精明强干，绝非胖乎乎、傻乎乎之人。梅孟结合外面已有传闻，福芝芳亦佯装不知。是年九月中旬，一捧孟青年李志刚闻知，持枪敲诈梅兰芳，因索款未遂开枪杀人而被击毙，后于九条西口被枭首示众，此案曾于当年《北洋画报》数次刊载图文。后经查实凶犯真名刘学曾，字省三。凶犯既未见到梅兰芳，也未见到孟小冬，更与齐如山毫无关系，齐氏更非阴险之人。该年梅兰芳被公认为"四大名旦"之首。

1928 年 10 月，王明华因肺病故于天津。11 月梅兰芳第二次赴港演出，孟小冬随行，人称孟为"梅孟夫人"。1929 年 12 月下旬，梅兰芳首次赴美演出半年之久，福芝芳、孟小冬均欲同行，为压缩开支，二人均未去成。梅此行结识了卓别林，并荣获两所大学授予的"文学博士"之衔。但此行并未盈利，实为亏损。次年载誉归国不久，其伯母胡氏于 8 月 4 日病故，享年 67 岁。孟小冬欲借此走进梅宅，披麻戴孝参加丧礼，但被福芝芳拒之门外，吃了闭门羹。福芝芳出身满族，且极为贤惠，持家有方，虽对梅孟结合不满，但从未至孟家泼妇般地寻衅吵闹。丧事过后喜事降临，9 月三女葆玥出生。1931 年葆琪 8 岁夭折。7 月，梅孟劳燕分飞，各奔东西。后由杜月笙出面，梅补偿孟 4 万元。该年与余叔岩等发起成立国剧学会。

南迁上海和留居香港：蓄须明志

"九一八"事变后，于 1932 年冬，梅氏全家南迁至沪，自此再未回无量大人胡同居住。此行南下并无齐如山，齐也不可能同去。梅家迁居上海后，因无合适住房，暂住沧州饭店。后迁至马思南路 121 号（后改思南路 87 号）定居，斋名"梅华诗屋"。在沪曾先后演出《抗金兵》《生死恨》等，以古鉴今激发全国人民的抗日热情。1934 年 3 月五子葆玖出生，福氏所生五子四女夭折二子三女，成活四人。1935 年梅兰芳赴苏联访问演出，此行结识了斯坦尼斯拉夫斯基、高尔基、布莱希特等。1936 年，在京收李世芳、毛世来、张世孝、刘元彤为徒。1937 年于东单麻线胡同购置了一所小楼房，作为来京时居住所，1938 年又售出。春天赴港演出后，全家留居香港干德道 8 号一公寓，自此蓄须中止舞台生涯，深居简出，闭门谢客。1942 年由港返沪后，靠变卖家具、古玩和字画维持生计，后竟以银行透支借贷度日，生活陷入困境。日本军部差人前来要梅兰芳为庆祝伪"满洲国"建国十周年出演，为拒绝此行，不惜有损身心健康，毅然采取表弟秦叔忍建议注射霍乱防疫针，迫使发高烧卧床不起，日军来此查看信以为真作罢。1944 年将无量大人胡同房产卖掉。1945 年抗日战争胜利后，梅兰芳剃须重返舞台。

护国寺寓所：最后十年

1951 年住进护国寺寓所，并加盖了五间南房，这是座典型的四合院，后院另有跨院。大门迎面是座青石砖瓦大影壁，壁前植有绿竹，门道东侧为门房。外院隔出三间为外书房，一间存放戏装道具，另间为厕所。步入绿色屏门，迎面为一木质影壁，摆放着四个雕有云纹的小石墩，中间为一刻有卍字形状的长方石质养鱼池。北房前种有两棵柿子树，东、西两侧为苹果树和海棠树。庭院青砖铺地，可练功、说戏。东、西、北房三面建有游廊，朱漆圆柱，廊沿上彩绘福、禄、寿、喜，显得典雅。北房为上是梅兰芳、福芝芳夫妇的起居室、内书房和客厅。东厢房为厨房和饭厅。西厢房和跨院房为其子女和工作人员居室。梅兰芳 1952 年赴维也纳参加"世界人民和平大会"。1954 年当选为第一届全国人民代表大会代表。1955 年，梅兰芳、周信芳舞台生涯 50 年纪念活动在京举行，并拍摄《梅兰芳舞台艺术》彩色艺术片。同年任中国京剧院院长。1956 年，梅兰芳率阵容强大的京剧代表团赴日访问演出。1957 年，瑞典舞蹈促进协会主席海洛尔专程来京授予梅兰芳国际舞蹈协会荣誉奖章。1959 年梅兰芳加入中国共产党。1960 年，任中国文学艺术界联合会和中国戏剧家协会副主席。梅兰芳 1961 年 5 月 31 日于中国科学院演出《穆桂英挂帅》，成为绝唱。7 月 30 日梅心脏病突发，住进阜外医院。8 月 8 日凌晨 5 时病逝，享年 67 岁。原拟 8 月份赴新疆演出未能实现。

梅兰芳护国寺故居，今为梅兰芳纪念馆

　　1984 年，梅兰芳护国寺故居被列为北京市文物保护单位，大门外横楣上悬挂着邓小平题写的"梅兰芳纪念馆"匾额。1986 年 10 月 27 日正式对外开放。

内史第，走出黄、宋、胡三家名人的黄炎培故居

———

黄方毅

我国地大物博，幅员辽阔，不乏名山大川和人文景致。五千年文明积累，不仅名胜星罗，古迹棋布，而且名居老宅遍布东西，豪门大院充斥南北。然而一宅之中走出三家名人却闻之不多。而今位于上海浦东川沙南市街兰芬堂七十四弄的黄炎培故居即内史第之中，走出了我父亲黄炎培，著名音乐家、堂兄黄自，会计学家黄祖方，革命烈士、我二兄黄竞武，水利专家、我三兄黄万里等黄家人；宋庆龄、宋美龄和宋子文姐弟等宋家人；五四先驱胡适等三家共十余位名人，确为罕见，值得一书。

"上海之父"——黄氏祖先春申君

据黄家家谱记载，黄氏先祖系战国时期楚国的春申君黄歇。黄为人豪爽侠义，门下食客三千，曾北救赵西伐秦，因功勋卓著而受楚襄王信

"内史第"牌匾

阳潢川、固始等（另说淮北十二县）封地，后又改封于吴地姑苏，并与魏国信陵君、赵国孟尝君、齐国平原君等并称为"战国四君子"。春申君一生最大的功绩是引浙江省湖州市安吉县龙王山之水掘挖成江，即今天的黄浦江，又名申花江或歇浦江，为纪念这位开江之父而得名。黄浦江下游两侧腹地渐形成后来的上海，因此春申君为不折不扣的上海开市之父。黄浦江东侧由流沙冲击形成的"川沙"县和长江与钱塘江交汇处的"南汇"县，两县组成的三角洲像尖刀一般伸入东海，北为长江口，南为杭州湾，即为浦东。

北宋末年战乱，黄氏历经一番迁徙，于南宋初年落居浦东川沙高行镇。高行当时被称作"沪东首镇"，经济繁荣，人文鼎盛。黄氏在此繁衍相传二十余代，人丁兴盛，三里长街遍住黄姓氏族。黄家在此修建了多处祠堂，还建有书屋，藏书万卷，既是黄家后人读书修学处，也是当地的文化中心。文人墨士聚于此，吟诗赋词，作画行书。

"内史第"外景

富甲东南藏金楼

内史第为1834年黄炎培祖上沈树镛所建。沈中举后进京做官，在天安门东南角中书署任内阁中书，专司政令，处置奏章，权重一时。沈博学能文，酷爱书画，收藏颇丰。在家乡川沙，沈修建内史第，专事收藏。据悉，内史第藏有精品初帖三箱，有汉碑、唐石、宋拓数百件。沈树镛从西泠印社创始人黄易手中，觅得我国最早官定儒家经本的开山之作《熹平石经》的宋代拓本"小蓬莱阁本"残块，大为喜悦。后更从孙承泽处觅得《熹平石经》的"砚山斋本"。清时《熹平石经》只有三家有藏，除黄易、孙承泽外，还有阮元"文选楼本"。三家珍本，沈一人已收其二于屋下，故将内宅二楼辟为"汉石经室"，引得江南名士纷至沓来，争相目睹，或题咏或考证，一时名声大震，川沙也得以名声渐响。内史第从而誉满江南，成为"富甲东南"的藏金楼。

内史第成为浦东文化瑰宝，不仅因其丰厚的收藏，而且缘其优雅的风水景致和建筑风格。内史第坐北朝南，为三进两院两厢式院落，南接王前街（今新川路），北临鸿园（今川沙书场），东邻兰芬堂，西靠南市街，是座典型的清代徽式宅第。高高围墙，门外小河，一棵几个人围不住的大银杏树，树旁有一眼井，内史第宅里宅外的人们在树下乘凉，在井里打水，在河边洗衣，其乐融融，一派小桥、流水、人家的江南水乡风景。

黄炎培生于斯长于斯，对此留下深刻印象。解放初南下考察时，他发现许多水乡被改造，面目全非，黄极为痛心，上书毛泽东，请求保护水乡尤其是周庄等地。毛泽东遂下令保护周庄。如今周庄已成为举世闻名的旅游景点。

内史第第一进后边为花园，东西两边为侧楼。第二进为正厅，悬挂着黄炎培题写的匾额"立本堂"。第三进为内宅。穿过第二进砖雕门楼是长长的天井，种有树木花草，内宅与厢房都是二层楼。内史第中的木刻石雕别具匠心，处处彰显书香门第的意境。最突出的是门框图，两侧为石雕刻，有历代人物和花鸟虫草，门楼正面是"戏牡丹""状元游京"和"状元献宝"的砖雕。立本堂柱梁上镶着紫檀制作的精致图案，栩栩如生，惟妙惟肖。

内史第中兴黄家

沈树镛的父母沈老太爷和沈夫人吴氏，除生儿沈树镛外还生有二女。大女儿嫁给黄炎培的祖父黄典谟，小女儿嫁给黄炎培的外祖父孟庆曾。黄典谟身材魁梧，性情中人，是国学生，从黄家高行移居南汇六灶瓦屑村，居住一段后又携妻小迁回内史第，夫妻育有六子。其中第三子黄译林，又名黄叔才，秀才，私塾师爷，娶了孟庆曾之女孟樾清，成婚于内史第第三进东厢房二楼南首间，公历 1878 年 10 月 1 日在此生下黄炎培。

黄炎培幼年起便熏陶于这座书香积淀的名宅中，6 岁随母识字，逐渐博览内史第中藏书。又临古碑名帖，摹汉石经墨，先后专习柳公权、王羲之等字帖。其中有的字帖伴随着黄一生（近年所传黄借给毛泽东习字之字帖即为内史第藏品）。沈树镛幼子沈肖韵童年曾受教于黄叔才，成年后的沈肖韵又教授童年的黄炎培道德文章，对黄影响甚大。几十年后黄炎培回忆说："问川沙百年来文化中心，必推我姑丈沈肖韵先生家……甲午后，锐然以新知识授我后进。"黄近 10 岁后因父长年在外，遂随母迁居外祖父孟家的东野草堂寄读。孟家系川沙望族，东野草堂是座美丽的园林，树木环绕，花果满林。孟家祖先与官家结怨，立誓不为官。黄在私塾老师指导下饱读四书五经，阅遍诸子百家、二十四史。黄 18 岁时外祖父去世，又回到内史第，继续寝馈于内史第书斋中。黄炎培成年后，在内史第与王纠思成婚，先后生五男四女。大儿黄方刚为哈佛大学博士，归国后先后在东北大学、北京大学等校任教。二儿黄竞武留美归来，解放前夜被特务杀害。三儿黄万里系美国水利博士，1957 年反对建三门峡水库被打成右派。黄自是黄炎培的侄子，30 年代著名音乐家，1904 年在内史第出生，留美耶鲁大学毕业，创作了我国第一部交响乐曲《怀旧》，后来发表著名的《梅花三弄》和《抗日歌》《九一八》《热血》等一批抗日歌曲，编著我国最早的音乐史。我国一批有成就的音乐家贺绿汀、刘雪庵、陈田鹤等均出于他门下。

宋家借居内史第

宋家三姐妹的父亲宋耀如又名宋嘉树，海南文昌人。1886 年，22 岁的宋留学美国后受美基督教会派遣回国，来到上海开始传教生活，后停止巡回传教来到浦东，成为川沙地方传教士。宋庆龄的母亲倪桂珍祖籍安徽桐城，清时倪家被遣至浙江宁波鄞县。其祖父倪继山率宋庆龄的父亲倪蕴山迁到浦东川沙，1887 年宋、倪成婚。倪蕴山曾受教于沈树镛，倪桂珍又是沈毓庆的学妹，久慕内史第的名望与文化，于是倪蕴山向沈家租借内史第第二进西厢南侧上下四间房，做女儿女婿的新房。宋在川沙布道有方，在镇上常作讲演，十多岁的黄炎培听得有声有色，禁不住学起宋讲演时手舞足蹈的姿势。宋又借内史第的"立本堂"作为福音堂，为教徒做礼拜之用。

1893 年元月大雪纷飞的日子里，宋庆龄在内史第出生，1894 年倪又在此生下长子宋子文，1897 年生下宋美龄。宋家六个子女中有五个在内史第出生。1891 年，不甘于传教的宋耀如在内史第房中开办小型印刷厂，印刷《圣经》，十分畅销，赢得大利。当时川沙引进棉花种植的创始人沈毓庆正着手推广毛巾业，于是沈、宋合作，用宋从日本进口的编制机，在内史第办起了川沙第一家毛巾厂。同时宋、倪合作开办了一家小书店，由倪经营。随着事业的发达，1914 年，完成了原始积累的宋、倪率子女全家离开内史第，迁往上海浦西市区，而宋子文继续留在川沙读书。

可以说，宋家儿女是在浦东川沙、在内史第度过了少年生活。除大女儿宋霭龄 5 岁便送到上海市区后又送到美国读书外，其余儿女均在川沙城厢镇上私塾里学习。1903 年宋耀如还通过他的同学、美国牧师步惠廉，救出了因在南汇新场讲演反清而被捕将送于刀下的黄炎培等四青年，掩护他们坐船去了日本。

胡适幼居内史第

胡适原籍安徽黄山脚下绩溪县，1891 年生于上海。嘉庆年间，胡的祖上到浦东川沙开办了万和茶庄，将黄山茶叶运到上海来销。由于市场选择得当加之理财有方，茶店日渐兴旺。万和茶店离内史第很近，又久闻内史第名气，1894 年胡适父母携 3 岁的胡适租下内史第第一进东厢房房间，住有年余。后来，胡适返回皖南老家，14 岁时又来到上海市区住下，就读中学，开始了长年在上海的生涯。

内史第续写新篇

遗憾的是，这样一座曾名震江南，扬名四方，具有宝贵的历史与文化价值的百年老宅，解放后因扩宽新川马路而被拆除了。之后，在内史第第一、二进地盘上建起职工宿舍楼。1991 年，川沙县政府斥资重修内史第第三进院落，辟为《黄炎培故居》，我家请陈云题字。

多年以来，浦东各方人士强烈呼吁，吁请全面重建内史第，政协有关提案接连而至。终于，2003 年，浦东新区政府作出重建内史第的决定。在各方努力下，饱尝岁月沧桑的内史第重返人间。这座走出了黄炎培，走出了宋庆龄、宋美龄，走出了胡适的江南名宅重建恢复，重现光彩，与浦东的迪斯尼乐园相邻对应，一土一洋，一古一新，续写百年未了的历史新篇。这不仅对我们黄家，对宋庆龄之宋家，对胡适之胡家，而且对浦东，对上海，对吾国之大家，对吾族之中华，无疑都增添了浓彩重笔。

作为黄炎培之子，近年我研究父书家史，不能不徒增"内史第情结"。作为内史第之后人，特为这座 19 世纪初年建造，20 世纪后年被毁，21 世纪重建，走出了三家名人的天下难得之百年古宅书下此文，愿内史第续写新篇。

（作者为黄炎培之子，第十届、十一届、十二届全国政协委员）

邓拓故居

——遂安伯胡同 5 号

———

邓小虹①

　　邓拓（1912—1966），笔名邓云特、马南邨、左海等，福建闽侯人，1912 年出生于一个教师家庭。1930 年参加左翼社会科学家联盟和中国共产党。曾在上海光华大学、法政大学、河南大学学习并从事党的地下工作。先后发表过多篇历史、哲学与时事论文。1937 年 6 月，商务印书馆出版了他的历史专著《中国救荒史》。抗日战争爆发后，邓拓投奔晋察冀抗日民主根据地，任《晋察冀日报》社长兼总编辑；1948 年 6 月调任华北局政策研究室主任。新中国成立后曾任《人民日报》社社长兼总编辑，1958 年后调任中共北京市委书记处书记。曾当选为中国人民政治协商会议第一届全体会议代表，第一、二、三届全国人民代表大会代表，中国共产党第八次全国代表大会代表，中华全国科学院哲学社会科学部委员，中华全国新闻工作者协会主席。邓拓是我国著名的新闻工作

————————————

　　①　邓小虹，邓拓之女，第九、十、十一届北京市政协常委，北京市卫生局副局长。

者，一位博学多才的政论家、杂文作家、诗人，是一位有创见的历史学家。20 世纪 60 年代与著名学者吴晗、廖沫沙为北京市委《前线》杂志合作撰写《三家村札记》专栏，并为《北京晚报》撰写《燕山夜话》杂文专栏。1966 年 5 月"文化大革命"初期，邓拓因"三家村"冤案愤然辞世，1979 年中共中央为其平反昭雪。邓拓的著作陆续再版、出版，包括《燕山夜话》《三家村札记》《邓拓全集》《邓拓诗词选》及《邓拓藏画选集》等。

邓拓的家位于北京市东城区南小街遂安伯胡同 5 号，是一座幽雅古典的老宅子。相传明朝永乐元年封燕山护卫陈志为遂安伯，这里大概是他的宅邸。宅邸的中路是坐北朝南的四进院结构，我们家住的院子是第三进院。院里花木繁茂，有团松、丁香、葡萄和一棵老柳树，一架由三株老藤盘结而成的藤萝遮盖了半个院子。父亲因此为自己的书房取了"紫藤斋"的雅号。

院子里高大的北房是父亲的客厅兼办公室。房间布置如同他本人一样，朴素整洁，流露出文人清静儒雅的气质。迎面的墙上悬挂着一个横幅镜框，写着"一砚山房"四个大字，以示他对自己收藏有一方宋代苏东坡古砚的喜悦之情。靠墙是一整排高大的玻璃书柜，装满了各类书籍。窗边是一个大写字台，桌面上摆放着笔、墨、纸、砚文房四宝。书桌旁边的墙上挂着一幅俞启慧的木刻画《鲁迅与瞿秋白》。鲁迅和瞿秋白是父亲最敬重的两位现代革命文人。他自书了一首《青玉案》词配在画框里：

凄风苦雨寒天短，最难得知心伴。

长夜未央相待旦；论文谈道，并肩扶案，不识何时倦。

投枪掷去歼鹰犬，翰墨场中久征战。

笔扫敌军千千万；普罗旗号，马列经典，艺苑流风远。

客厅里有一套罩着白色布套的沙发。沙发前的茶几上常摆放着四季应时的盆花。沙发后的墙上挂着字画条幅，父亲常自己亲手更换。有时是他喜爱的古人字画，有时是现代画家送给他的作品，配着他自己手书的对联。

1958 年 8 月，父亲调任北京市委主管文化宣传教育工作的书记，并兼任《前线》杂志主编。1958 年 11 月，《前线》创刊。他为《前线》撰写的绝大多数稿件都是在遂安伯住宅完成的，有些稿件就以"于遂安"做笔名。《前线》前十期的十篇社论都是父亲的手笔。

随着"大跃进"而来的是从 1960 年开始的三年严重经济困难。在 1961 年 1 月结束的中央工作会议上，毛泽东主席号召全党认真总结经验，大兴调查研究之风，恢复党的实事求是传统。党中央的精神在北京立即得到贯彻。父亲在北京市委召开的常委会议上就报纸的宣传工作发表了意见。他说，报纸应当提倡读书，帮助群众开阔眼界，增加知识，振奋精神，在困难时期保持一个好的精神状态。

北京市委常委会议的精神在《北京晚报》传达以后，编辑部的同志都觉得父亲的意见好，决定在报纸上开辟一个知识性的杂文专栏，就请父亲本人来写。经晚报编辑的再三约请，父亲终于提笔开始了《燕山夜话》的写作。《燕山夜话》每周二、四在晚报上和读者见面，从 1961 年 3 月 19 日开篇，到 1962 年 9 月 2 日止，共发表 153 篇杂文，其中绝大多数都是在遂安伯写成的。父亲在那些文章中，传播历史社会知识，列举古今良策，热情地倡导科学精神，抒发对中华民族优秀文化的自豪情感。这些文章受到了社会上的普遍欢迎，一年中就收到 400 多封读者来信。人们在信中不仅谈体会、谈收获，还纷纷给作者出题目、找资料。像《昭君无怨》一篇，就是父亲根据谢觉哉同志的点题而作。谢老说，王昭君出塞并不是凄凄惨惨、悲痛欲绝地被迫而去，历史流传的《昭君怨》一类歌曲反映的情况是不真实的。更有不少热心的读者通过《北京晚报》与父亲结识，成了朋友。

父亲既是主管文化教育事业的领导，又是具有很高艺术修养的文人。他喜欢与知识分子、艺术家交朋友，艺术家也敬重他，愿意与他交心。就在这间绿荫掩映的大北房里，郭沫若、吴作人、关山月、杨沫、黄胄、梁斌、常书鸿、赵丹、周怀民、钱瘦铁、李克瑜……很多文化名人与他一起吟诗作画、谈文说艺。

1966 年 4 月，全国的大小报纸开始铺天盖地地对父亲进行围攻谩骂和无限上纲，他却没有机会为自己辩白一句！"文化大革命"就这样开始了。院子里的紫藤花悄悄开放时，父亲带着满腔的怨愤辞别了人世。在阴冷的太平间里，他的身边只有母亲为他送上的一束紫藤花。

一天，《人民日报》的红卫兵气势汹汹地拥进我家，在大门上贴了一纸"勒令"，让我们"滚蛋"。不久，母亲带着我们搬出住了九年的遂安伯 5 号的家。

2001 年，在开通金宝街时，遂安伯胡同被全部拆除了。

（全国政协文化文史和学习委员会供稿）

张申府故居
——王府仓胡同 29 号

张燕妮①

　　我的父亲张申府（1893—1986），名崧年，字以行。河北献县人。著名哲学家、爱国民主人士。1913 年考入北京大学，毕业后留校任教。早年积极投身五四运动，与李大钊创办《每周评论》，任《新青年》编委。1920 年，参与筹组共产主义小组，参加建党活动，是中国共产党的第一批党员之一。同年底，受聘赴法国里昂中法大学教书。同时，受陈独秀委托，在海外发展党组织，先后介绍刘清扬、周恩来、朱德加入中国共产党，是中共旅法、旅德支部的负责人之一。1923 年底回国后，参加黄埔军校的筹建工作，曾任黄埔军校政治部副主任。1925 年在参加中共第四次代表大会时，因与一些人的意见不合而退党。曾参与筹建中华革命党，先后在广东大学、暨南大学、中国大学、北京大学、师范大学、清华大学任教。1936 年初，因参加"一二·九"运动、领导北平

---

① 张燕妮，张申府小女，全国政协文化文史和学习委员会办公室副局长。

文化界的救亡运动而被捕。后因此被清华大学解聘。抗战期间，在武汉、重庆等地从事抗日民主活动。1946 年，作为中国民主同盟的代表之一出席在重庆召开的政治协商会议。1948 年，因发表《呼吁和平》的文章，受到共产党人和民盟领导人的批判。新中国成立后，任北京图书馆研究员，1957 年被划为右派，"文革"中受到冲击。粉碎"四人帮"后获得彻底平反，任第五、六届全国政协委员。

父亲长期从事哲学、逻辑学的研究和教学工作。20 世纪 20 年代，参加新文化运动，以介绍罗素哲学而知名。20 世纪 30 年代后，在哲学界提倡罗素所讲的"逻辑解析"方法，同时宣扬马克思主义辩证唯物论。晚年仍致力于哲学思考。主要著作有：《所思》《我相信中国》《什么是新启蒙运动》《独立与民主》《所忆》《罗素哲学译述集》《张申府文集》等。

1946 年 1 月，父亲从重庆回到北京，租住在东城区景山附近的黄化门胡同 5 号。

这是一所很大的宅院，分东、西两院，父亲住东院，学生联合会在西院。东院有三进院落，雕梁画栋，颇为精致。院中花木扶疏，宁静幽雅。

新中国成立之初，西院的学联想要东院这所房子。为此，市政府请示政务院（国务院前身），周恩来总理亲自批示："此房继续由张申府居住，自管自修，不交房租。"这样父亲就继续在此住了下来。当年为了追随革命，父亲曾捐出了家乡的全部房地产；如今在周总理的关怀下，总算有了安居之处了。

1957 年，父亲被扣上右派帽子。同年，东城区教育局要用黄化门 4 号和 5 号的地方建一所中学，派人跟父亲商量。父亲一向支持教育事业，当即表示同意搬迁。教育局在阜成门脚下王府仓胡同找到了一所房子。虽然房子是同样间数，但是面积比原来的小得多，院子更小，出门乘车也不方便。但是为了尽快建校，父亲未提任何条件就同意了。1958年的夏天，我们搬到了王府仓胡同 16 号后院。

据史料记载，王府仓胡同是因清朝康熙皇帝二十子贝勒允祎宅邸在此处而得名，以后其子孙三代均在这里居住。王府遗址，即后来的 38 中学（今已迁址与 159 中学合并）。

王府仓 16 号（后改为 29 号）坐北朝南，朱漆大门，左、右两个门墩。大门内有门道，迎面是一个借山墙影壁，上面镶嵌着彩色釉面砖。四合院共有三进院落。进门往左是前院，前院只有两间南房和两间东房，房子都不大。前院北侧正中是一座垂花门，两侧的砖墙上镶嵌着彩色的釉面砖。垂花门内就是中院了，中院有三间北房，东、西两侧都有抄手游廊，廊子装饰着彩画，由此可进入后院。

后院一共 13 间房，北房七间，东、西厢房各三间。房屋前有一米多宽的廊子相连，既可避雨雪，也宜于纳凉。

院子里种了不少花草树木，西边是苹果树，东边是桃树，南边还有两棵枣树。东南角有一墩白丁香，南边阴凉的地方栽满了玉簪花。春天，百花竞放，争奇斗艳；夏天，绿荫蔽日，凉爽宜人；秋天，果实累累，给人们带来丰收的喜悦。

北房后还有一个小院，院中一棵大榆树粗壮挺拔，枝繁叶茂，一个人搂不过来。

走进正房，中间的一间是客厅，两侧各一间面积与之相同，镶有玻璃隔扇。靠西边的一间是父亲的书房，窗前摆放着父亲的书桌，沿墙四周都是书柜和书架，靠东边的一间和耳房是就餐的地方兼卧室，里面一间又分成厨房和卫生间。北房西边的耳房和里面的一间以及东西厢房主要用于存放父亲的书籍。

1960 年，父亲摘掉了右派帽子。那个时候，父亲白天到图书馆上班，晚上多是在家看书，周末有时去逛书店。虽然生活显得单调冷清，但是父亲终日与书为伴，乐在其中。

1973 年，父亲在这座老屋中，开始撰写《知化论——七字义》，"七字"即生、仁、中、敬、易、实、活。为了准确地表述自己的观点，父亲查阅了大量资料。有时为了一个字，琢磨几天，一改再改。《知化论》的首篇《"实"、"活"、"中"》不足 3000 字，但却用了前后两三年的时间才最终完成，父亲在文章中，提出要"显扬唯物辩证。由实（唯物）而活（辩证）而达于中（适当）。只靠斗，解决不了问题，除非是奋斗"。这篇文章写作之时，中国还处于十年浩劫的灾难中，父亲以独特的表达方式，阐述了自己的观点。

1978 年党的十一届三中全会后，父亲的"右派"问题和"文革"中被强加的不实之词得到彻底平反改正，并被增补为第五届全国政协委员。

1985 年，全国政协和北京图书馆考虑到父亲住房的实际困难，出资帮助父亲整修了房屋并安装了土暖气，房子修葺一新。

1986 年 6 月，父亲在度过了 93 岁生日后，平静地走完了人生旅程。

2003 年，父亲的旧居因金融街的开发而被拆掉，院中的树木多被保留，参天的榆树见证了北京 300 多年的历史，也成了父亲旧居的标识。

2005 年间，大榆树突然没了踪影，周围的一大片地方挖出深坑，代之而起的是又一片高楼大厦。

（全国政协文化文史和学习委员会供稿）

丰子恺和他的缘缘堂

李家平

　　提到著名文学家、艺术家、教育家丰子恺，就不能不提到"缘缘堂"。缘缘堂是丰子恺寓所的名字，随主人居所转换，缘缘堂也在迁动，名实相符，缘缘堂确与丰子恺有着不解之缘。

　　1925 年秋，丰子恺随立达学校从上海老靶子路迁至郊外的江湾，次年初搬永义里居住，这时他的第一本画集，也是中国的第一本漫画集《子恺漫画》刚由文学周报社出版。8 月，丰子恺的业师李叔同（弘一法师）云游至上海，便在永义里丰家下榻。丰子恺请老师为其寓所命名，法师让他在小纸片上写些与佛教有关且能相互搭配的字，揉成团撒在释迦牟尼画像前的供桌上，取阄两次（1918 年李叔同出家，丰子恺追随老师笃信佛教，号"子恺居士"）。丰子恺遵命，偏巧两次取阄都取到"缘"字，这便是缘缘堂的来历。寓名既定，法师当下题写了横额。不久，丰子恺第一本音乐理论著作《音乐入门》又问世，此书深受读者欢迎，发行达数十年之久。1928 年，弘一法师第三次下榻丰宅，正值丰子恺 30 岁生日。是日于永义里缘缘堂楼下举行仪式，丰子恺从弘一法师皈依佛门，法名"婴行"。这一年丰子恺送妻子徐力民回浙江崇德石门湾的老家侍奉母亲，见老宅门坍壁裂，衰颓不堪，遂起了造房的念头。其实他的母亲早有此心，很早就在老屋后买下了房宅地（后缘缘堂即建于此），但土木之工不可擅动，母亲深知此事不易，故从未向外张扬。老人也不愿刚有稳定收入的儿子冒险破土，旧时乡间就有因盖房而败了家业的。1930 年丰子恺迁居嘉兴，一年多后又回到故乡，旋迁上海法租界，最后转回江湾永义里，缘缘堂也跟随主人几度迁徙无定所。此间，他第一本散文集，也是其文学代表作之一的《缘缘堂随笔》问世，他的文学创作开始进入辉煌时期。

1932 年末，丰子恺如愿以偿，终于在家乡建房，此时母亲钟氏已去世两年。1933 年春，石门湾缘缘堂落成，这是一幢向南三楹的二层楼，宽敞明亮，朴素大方。一楼正厅端挂着马一浮写的"缘缘堂"堂额，其下为吴昌硕所绘老梅中堂，画两边挂有弘一法师写的对联"欲为诸法本，心如工画师"；东室为饭厅，连着走廊、厨房；西室是书斋，四壁皆是图书，内放风琴并挂有弘一法师手书长联及丰氏写的小联。楼上数间为寝室，西端为佛堂。丰子恺在这里度过了一段极安定愉快的时光。天暖，堂前堂后花果繁茂；天寒，室内终日阳光充沛。膝下儿女绕，炉边茶香飘。丰子恺一面尽享天伦之乐，一面辛勤著书作画，这时他已辞去教职，专事创作了。

纵观整个缘缘堂时期（包括永义里等），丰子恺 11 年间共出版各类著译 50 种，几占其一生著作的三分之一，内容涉及文学、美术、音乐及艺术理论等领域，这是丰子恺事业上的一个辉煌壮丽的时期。值得注意的是，丰子恺的文学创作与他在美术、音乐等方面的成就比，稍稍晚熟。进入石门湾缘缘堂时期，随着人生阅历的丰富加之生活上的安定，

缘缘堂

丰子恺的散文创作经过艰苦的艺术磨炼,以其独特风格大放光彩。石门湾缘缘堂时期,丰子恺连续推出了《随笔二十篇》(1934年)、《车厢社会》(1935年)、《缘缘堂再笔》三部力作,加上嘉兴缘缘堂时的《缘缘堂随笔》,这脍炙人口的"战前四册",初步奠定了丰子恺这位散文大家在中国文坛上的地位。

丰子恺住进新楼,却依然怀恋过去的老房,常于梦中回到旧宅。他尤为难过的是,最初筹划建房的母亲已长眠地下,每当想到过世的父母未能住进缘缘堂,丰氏就痛苦非常,觉得建缘缘堂乃至人生都没有意义了。抗战爆发不久,日军进攻上海,丰子恺从杭州回到缘缘堂,仍天真地痴望生活平静。但很快日寇的炸弹就落到石门湾,炸弹着陆点距缘缘堂仅十几米。丰子恺当夜携眷出走。数日后他又趁夜晚潜回缘缘堂,空室内唯见饿猫饿狗蹲卧,不由黯然神伤。他拣了几册珍版书装入行囊,

今天的丰子恺故居之一

在原本要终老此生的缘缘堂住了最后一晚，悄悄离去。后来在逃亡途中，得知缘缘堂在炮火中化为灰烬，家人失声，丰子恺却异常平静，慨然上路。可是他心中所受的打击是难以想象的。缘缘堂本是一座艺术宝库，万余册古今图书和大量珍贵字画不幸毁于一旦，叫丰子恺深感世事无常，从此后他不喜收藏，转为好赠乐与了。不过丰子恺没有屈服于日寇的暴行，他积极投身抗战，以他的"五寸不烂之笔"对抗暴敌。这位从来谦和慈善的学者坚定地表示："在最后胜利之日，我定要日本还我缘缘堂来！"并从其宗教思想引申，喊出了"以杀戒杀"的最强音。

抗战胜利后，丰子恺回到故里，站在缘缘堂的废墟上凭吊了昔日的美好家园，并作《胜利还乡记》记之。1946 年定居杭州，1950 年定居上海，直至去世，丰子恺不再用"缘缘堂"给寓所命名。然而他不曾把缘缘堂须臾忘怀。1962 年，他从报刊上收集了自己近年发表的随笔编选成册，定名《新缘缘堂随笔》；1972 年在政治高压下，他偷偷写下不少散文，书名拟定《缘缘堂续笔》。在丰子恺心底，缘缘堂永恒不倒。在他的万千读者心底，缘缘堂永恒不倒。

《盛世危言》作者郑观应的澳门故居

梅士敏

改革实业家郑观应祖居

在澳门颇负盛名的郑家大屋，是中国近代著名改革家、实业家、教育家以及名著《盛世危言》的作者郑观应（又名耀东，1842—1921 年）的祖屋、故居，历史已超过 100 多年，是澳门地区目前尚保存的、最古老的中国传统大型民居建筑群，在香港、广州及澳门邻近地区也甚罕见。

坐落在下环妈阁街龙头左巷 10 号的郑家大屋，从圆拱形的大门口进去后，便看到一条长路，8 座房屋沿着长廊般的大街一字长排，右面有一座已经破旧的大花园，由 20 多个金字顶组成清代大府第，屋后面则修筑了一道近 2 丈高、10 多丈长的坚固土墙，使这座百年府第充满着神秘感。

郑家大屋：荣禄第

100 多年前，郑家大屋这一群二三层高旧楼房，雄踞整个内港下环区，俨如一座瞭望台，内港及对岸香山县湾仔的景色尽收眼底。占地面积之广和建筑面积之大，在澳门民居中名列前茅。郑家大屋正房的门联——"前迎镜海，后枕莲峰"，正是其当年优越地位的最好写照。

郑家大屋地处"风水宝地"

为何郑家大屋的主人公郑启华会选中龙头左巷这块"风水宝地"呢？

"群山环抱水朝宗，云影波光满月浓，楼阁新营临海镜，记曾梦里一相逢"。

这是郑启华的三公子郑观应的《题澳门新居》中的诗句。郑在诗中的自注还谈道："先荣禄公梦神人，指一地曰此处筑居室最吉，后至龙头井，适符梦中所见，因构新居。"

郑家大屋：庆余堂

郑观应这首诗及自注，已道出了"梦中所见，因构新居"的玄妙之处。而事实上郑家大屋所在地周围，原是居澳葡人定居的传统地区之一，相传为"龙头宝地"。郑家大屋后面的龙头井，又名阿婆井，有一段优美的民间故事，相传葡人到澳必要饮阿婆井的甜水，方可适应水土，逢凶化吉，如意祥和。

郑启华热心社会公益

郑启华（1812—1893）何以有巨资兴建如此庞大的新居？据其后人称，郑启华出身寒微，但经奋斗，曾做过巡按，当过上海道。但也有传说，郑启华年少时投靠其在北京的舅父，在八国联军入侵后，偶然与舅父打开一副无人认领的棺木，岂料其内尽是金银珠宝，于是无端端发了达，其后做生意，捐官得一品大官，获封赐荣禄大夫名衔。不过，此传闻常被郑氏后人斥为无稽之谈。

然而，郑启华隐居澳门十余年，确予人有点儿神秘感。他不似生意人，却像布衣塾师，先后在家乡香山雍陌和澳门设私塾授徒，热心社会公益事业，不仅在家乡香山雍陌捐资修筑石板长街，还成为 1871 年筹建澳门镜湖医院的倡建值理之一。1871 年江南旱灾和 1877 年山西大旱，郑启华及时"捐资为倡，并谕伊子郑观应等在上海筹捐"。其后郑观应全力投身义赈救灾中，影响尤甚，特别是给予了曾国藩之弟曾国荃很大助力，使这位山西巡抚在赈灾中渡过难关，感恩不浅，于 1881 年给郑氏送来"崇德厚施"的横匾，以颂郑启华热心公益，功德无量。

李鸿章题匾赠予郑观应

这块大木匾，现今还悬挂在郑家大屋二道门"荣禄第"的横匾之后。这块由湘军名将曾国荃不惜纡尊降贵地向岭南澳门郑氏父子送来的名匾，固然珍贵，而昔日郑家大屋内悬挂的对联字画亦令人叹为观止。

这些琳琅满目的字画，俨然画坛，悬挂在"三宅"郑观应的二楼大厅，从悬挂着"通奉第"门匾的大门进去，上到二楼，便一览无遗。这些对联字画中最为珍贵的，是李鸿章馈赠的对联："黎云满地不见月，松涛半山疑有风。"原悬挂在墙上的郑观应及其夫人的大幅画像，绘画精巧，栩栩如生，疑为当年居澳英国名画家钱纳利的得意门生啉呱（关乔昌）之手笔。

《盛世危言》巨著影响犹深

郑家大屋分为九宅，是郑启华及其九子一女生活的祖屋。其中的三宅，是郑启华的第三子郑观应中年隐居澳门的住宅。自称"世居澳门"的郑观应，在郑启华九个儿子中最为显赫，官至为二品顶戴知府，1880

年后受李鸿章委派，先后担任上海机器织布局总办、上海电报局总办、轮船招商局帮办、总办等职，1896 年任汉阳铁厂总办，1906 年任粤汉铁路公司总办，曾多次出使越南，考察南洋商务。郑观应在 1893 年父逝后隐居澳门郑家大屋，与比他年轻 24 岁的孙中山过从颇密。其时孙中山正在澳门行医，时有到郑家大屋拜访郑观应，受郑的影响不少。期间郑观应在郑家大屋编著的《盛世危言》巨著，对世人影响犹深，毛泽东青年时代也喜读此书。

郑观应对康有为、梁启超的维新变革亦表支持。1899 年"戊戌变法"失败后，康有为的父亲由何穗田帮助迁至澳门避难，郑观应闻讯寄给何穗田 100 元，请何转交给康父以尽朋友之道。据传当时郑观应还曾请康有为之父到郑家大屋避难。郑观应在致何穗田之信中表示："弟虽与康南海尚无交情，唯念其救国之心，罹此重祸，甚可扼腕。"

郑观应在中国近代史上，是一个具重大影响力的历史人物，很值得人们纪念，他的思想、业绩等亦很值得今人研究。

而历史上曾显赫一时的郑家大屋，也因颇具历史价值和建筑文物价值，已被澳门列为受保护的文物建筑，尽管目前已经年久失修，但仍能找到不少昔日富丽堂皇的历史遗迹，很值得人们珍惜。

朱启钤故居

——赵堂子胡同 3 号

———

刘宗汉①

朱启钤（1872—1964），字桂辛，号蠖园。贵州紫江（今开阳）人。是我国著名学者、实业家、爱国民主人士。朱先生幼年丧父，青年时接受了变法维新思想。19 岁时，随姨夫瞿鸿入川，开始宦途生涯。此后，历任京师巡警厅厅丞、京师大学堂译学馆监督、津浦铁路局北段总办等职。辛亥革命后，先后任交通总长、内务总长，并一度代理国务总理。在任内务总长代管北京市政时，主持了打通正阳门瓮城、开辟中央公园（今中山公园）等多项市政建设，对北京市政管理的现代化作出了贡献。1916 年退出政治舞台，从事经济文化事业。朱先生经营的山东峄县枣庄中兴煤矿公司，是我国解放前唯一一家没有外国资本的大型煤矿。开辟北戴河海滨休养所，至今沾溉后人。创办中国营造学社，从事我国古代建筑研究，培养了一批古代建筑研究人才，是我国古代建筑研

————————

① 刘宗汉，曾任朱启钤秘书，中华书局编审。

朱启钤故居现貌

究奠基人之一。新中国成立后先后任第一届北京市政协委员，第二、三届全国政协委员，中央文史馆馆员。先生晚年受到了毛泽东主席、周恩来总理的重视和关怀。周总理曾两次到朱宅看望朱先生。1964年朱先生病逝于北京。在追悼仪式上，由中央统战部部长李维汉代表周总理献了花圈。朱先生遗体安葬于北京八宝山革命公墓。

朱启钤故居，坐落在北京市东城区赵堂子胡同2号（今3号）。中间高台阶广亮大门，大门左、右各有大约五间房屋。进门迎面粉墙，东首有粉墙与别院相隔，西首是这所大宅院的外院。外院有南房和西房，北面粉墙中间是通内院的垂花门。

垂花门内面为游廊，西面游廊至西房而止，东面游廊至与大门隔墙相对处折而向北，形成一条长廊，直抵北面后墙。这条长廊是这所宅院的中轴线，东、西两面各有四个院落（包括前面提到的外院），将这所宅院分成东、西两个部分。西面的院落，除外院外，其东部都以长廊为界，没有东厢房或东墙；东面的院落也都以长廊为界，没有西厢房或西墙。这样，不论西面的院落，还是东面的院落，视野都非常开阔，而自长廊一端望去又显得深邃。

垂花门内第一进院落，正房二进五间，东侧有窗开向长廊。西厢房三间。第二进、第三进院落，格局大体相同，只是正房各为一进而已。第三进院落的后墙已抵盛芳胡同（旧名什坊院）。东面第一个院落正房四间，后面东首带抱厦三间（有门通第二进院落）。带抱厦处为三进，余为二进。正房的大部分（带抱厦处的三间三进，共九间）是这所宅院的大客厅，面积较大，可举办舞会。内有四根明柱，上施金漆。西首一间二进是一个小餐厅，屋顶装有彩绘井口天花。这在北京的大型宅院中是比较少见的。南房部分为汽车库，与外面相通。院内有花池、假山。第二进院正房三间，附西耳房两间。东厢房为锅炉房。第三进、第四进院落，格局大致相同。第四进院落有后门通什坊院。宅院的西侧另有一贯通南北的更道，备夜间巡更之用。整个宅院大约有近百间房。

根据朱启钤先生四孙朱文榘先生的回忆，我们可以大致知道这所宅院在朱启钤先生居住时的使用情况。西首垂花门外的外院，南房靠大门的一间为门房，余下几间放置中国营造学社的书籍及物品。垂花门内第一进院落，正房是朱启钤先生卧室及书房，西厢房由朱先生次子朱海北夫妇居住。第二进院落，正房由朱先生大女儿朱湘筠及她的女儿孟碧擎居住。先生的九女儿朱洪筠未出嫁前，也住在这里。西厢房由十女儿朱浣筠居住。第三进院落，正房由五女婿朱光沐居住。东首第一进的大客厅是这所宅院进行社交活动的场所。第二进院落正房由朱海北的长子朱文模、朱文榘（大排行是朱启钤先生的三孙、四孙）居住，耳房为下房。第四进院落正房东半部由朱光沐的母亲居住，西半部是朱光沐一家的餐厅。余下部分，由于时间过久，已记忆不清。

自 1932 年起，朱启钤先生即居住在这所住宅中。1937 年七七事变后，因为朱先生拒绝出山当汉奸，日本当局就以中纺公司征购的名义，以若干匹布的低价变相没收了这所宅院以及家具，作为报复。朱先生被迫租赁了东城东总布胡同 75 号一所房子作为住所。1945 年抗战胜利后，这所宅院作为逆产被第十一战区司令部占用。蒋介石到北平时，曾宴请未附逆的各界名人，其中也包括朱先生。席间蒋曾问朱先生有什么困难，朱先生表示要求发还赵堂子胡同的住宅。后蒋指示由行政院院长宋子文办理此事。朱文榘曾见过由宋子文签署的发还文件，其中有"坚贞不屈，不肯附逆"等语（大意如此，原文或有出入）。这样，这所宅院总算发还给了朱先生。当时朱先生已经无力全面修缮这所宅院。朱先生的次子朱海北便出资对前面的三个院子稍加修缮，住了进去。朱海北先生在这里一直住到了北京解放，解放后将这所宅院捐献给了政府，作外交部的宿舍。1986 年公布为北京市东城区文物保护单位。

抗战胜利后，朱启钤先生于 1947 年去上海。解放初，由上海回到北京后，居住在东四八条 54 号（今 111 号），直至 1964 年逝世。

梧桐·老宅·尘封的记忆

杜毅　杜颖

　　一幢占地六亩、建筑面积1200多平方米，地中海风格的花园洋房，静静地伫立在上海淮海中路闹中取静的地段。沿街是高高的围墙，东西两个相距十余丈的黑色盘花大铁门，紧紧关闭，很少有人出入。2006年12月，杜重远上海故居揭碑仪式在此举行，老宅打开了记忆的大门。

一场完美的婚礼

　　1933年3月25日，午后斜阳霏雨中，一辆银灰色遮着粉红车帘的婚车，缓缓驶入黑色盘花大铁门，老宅见证了一场最美的婚礼：似乎完全不可能走到一起的我们的父母，在这里戴上了婚戒。母亲天生丽质，聪慧过人，18岁以独占鳌头的成绩毕业于日本京都大学，22岁获国际法法学博士学位。而父亲年长她14岁，且遭遇过封建包办婚姻，虽已离异，尚有四女。然而在海外华人抗日运动中，母亲目睹并深深感动于父亲贫贱不移、威武不屈、富贵不淫、为救蒙难祖国视死如归的行动和

精神，与之终结连理，生死不渝。娇气又有洁癖的母亲，后来随父亲远
赴当时被称作"异域番邦"的新疆，并在那冰封雪涌、腥风血雨之中，
将三个患重病的孩子抚养成人。其实，父亲的人格魅力，不仅感染了母
亲和她的家人，也感染了父亲的朋友、同志及许多与他接触过的人。在父
亲殉难 40 周年纪念会上，他昔日新疆学院的学生，而今都是年过花甲、
做了祖父母的人，回忆起他们的"杜院长"时，还禁不住泪如泉涌。

"新生事件"

1935 年 7 月 9 日，一辆铐绑着父亲的囚车，离老宅不远，加足马
力，奔往漕河泾第二监狱，似乎在逃避后面紧追不舍的各大报社记者的
车辆和刚从法院散下来、徒步愤怒的人群。

1933 年邹韬奋伯伯主办的抗日号角《生活》周刊被查封，他流亡
海外。两个月后，父亲冒着生命危险，挺身创办《新生》周刊，后因刊
登一篇《闲话皇帝》的文章，得罪了日本人。日军压境，威胁当局将父
亲骗至法庭，当场扣押，查封杂志，"判刑一年零两个月，不得上诉"。
父亲站在被告席上，大声质问："爱国何罪？中国的法律也被日本人控
制了，我们还有什么可以失去？"旁听席上群情激愤，"反对侵略者"
的口号声四起，青年学子痛哭失声，法警一边奉命为父亲上镣铐，一边
骂："什么混蛋法官？"法庭秩序大乱。这就是当时囚车押送父亲入狱的
惊心痛楚的一幕。

母亲在沈钧儒及沪上各大律师事务所的支持下，提起上诉。上诉被
驳回，她又彻夜写出长达 4000 多字的"抗告书"，刊登在国内外重要报
纸的头版，舆论哗然。爱国罹罪的"新生事件"，像一石激起千层浪，
形成了当时"《新生》周刊话皇帝，满街争说杜重远"的局面。上海、
南京、北平等地爆发了"抗日无罪，声援杜重远"的大游行，成立了

上海淮海中路 1897 号，梧桐老宅现貌

"新生后援团"，外电谴责，外汇支持，纷至沓来，与"一二·九"学生运动相呼应，将抗日洪流推向高潮。每天涌往漕河泾监狱的人群络绎不绝，迫使当局另辟三间牢房，供父亲接见来访群众，后又将父亲移至"虹桥疗养院"软禁。

老宅的神秘客人

1936 年 7 月的一个晚上，一辆神秘的黑色轿车悄然停在老宅门前，迅速接走刚回家探望母亲病情的父亲。这是张学良将军趁去南京开会之机，绕道上海会见父亲，密谈中父亲分析了当时的抗日形势，明确指出，联合抗日是中国唯一的出路……1936 年父亲刑满出狱后，于 11 月29 日冒着生命危险来到西安，根据周恩来的指示，再度做了张学良的工作，坚定其联共抗日的决心。西安事变爆发后，父亲又做了很多和平解决事变的工作，终于形成了全民抗战的大好局面。国共两党讨论成立"联合政府"时，周恩来、宋子文、张学良一致推荐父亲为该联合政府行政院院长。大家都认为，以父亲的声望、实力和他与两党的关系，足以当此重任。

两党合作前后，老宅门前车水马龙，宅内中西餐两套厨房，多有朋友聚会，与当时外界风声鹤唳的白色恐怖氛围反差颇大。1937 年 1 月 15 日早上，母亲耳语父亲："小开（潘汉年）要来打牌。"父亲会意："我马上准备麻将。"在哗哗的牌声和饭菜飘香中，潘汉年告诉父亲，说他接到密电："张闻天要杜重远去南京做和平解决西安事变工作和了解亲日派情况。"父亲立即去了南京。"蓝衣社"特务及日本武装浪人先后荷枪"造访"老宅，母亲贵妇人的装束和气质，流利的"皇族"日语，以及老宅豪华的气势又一次挡退了这类"突然袭击"，很好地掩护了爱国人士（沈钧儒、邹韬奋、李公朴、高崇民等）和地下党员（潘汉年、孙达生、胡愈之等）在这里的"麻将聚会"。老宅也常有国民党高层及工商界巨头出入，如宋子文、宋子良、张嘉璈、熊式辉、杜月笙、黄金荣等。父亲与他们商议官商联手、振兴实业、筹措抗日经费和军需等问题。父亲与这些要人的眷属在老宅聚餐时，常讲述一些汉奸鬼子们的罪恶丑行。一次他叙述了发生在上海遭轰炸后难民营里的一则卖花女被日本兵射杀的真人真事，震撼了在场的每一位母亲。在我们长大之后，母亲转述这个花香火焚的故事时，补充说，父亲约人和被约吃饭的次数很多，但从不知饭菜的鲜香，只顾陈说"家不和，外人欺"，饭菜囫囵吞下，导致经常犯胃病。每当电话铃声响起，父亲不论刚端起饭碗，还是入睡不久，都会即刻奔出家门，或赶赴热河等地前线，做露天广场抗日演讲——没有扩音器，父亲不顾耳边炮声隆隆，枪响不绝，大声疾呼："国土日失，权利日丧，无彻底认识，无整体组织，长此延误，不堪设想。热心民众，望猛速醒。"演讲尾声时，父亲常引吭高歌《松花江上》，蜂拥而至的人群，立即附和，眼泪和着旋律，暮色苍茫中，群生悲歌撼天地。或往返于川沪陆地、水上——父亲高烧腹痛，仍坚持与卢作孚等友人，内迁上海工厂，几次晕倒在车间里，险些抢救无效。母亲感喟道："你们的父亲满腔热血，全身心投入救亡运动，早将生死置之度外。"

两次午夜来电

母亲更清晰地记得两次午夜来电：1937 年 8 月 10 日下半夜，在沪的一位日本"和平运动"友人安田君电告："日本准备从浏河突击登陆进上海。"父亲立即将这一情况告诉当时上海警备司令部蔡劲军，嘱他迅转守军，不料没有得到重视。三天后，"八一三"事变爆发，日军正是从这里打进了上海。1938 年 11 月 26 日深夜，电话铃声又凄厉响起，还是那位日本友人，只是声音沙哑："日本特务机关已发出密令，追杀杜重远，望夫人与重远君务必想出一万全之计，即刻离开公馆。"半夜三更后，一辆"圣玛丽医院"的救护车呼啸而进老宅，又呼啸而出。此后父母在外，几乎夜夜三易宿地。"新生事件"时期，酷政严寒下，母亲为营救父亲，日夜奔波，再加上这次暗杀的森冷枪口，母亲一次流产、一次堕胎，本来纤弱的身体，日见不支。父亲没有应国际友人斯诺和艾黎之邀去美国，也拒绝了政府高职之聘，而是在周恩来、叶剑英的支持下，远赴偏僻、闭塞、天寒地冻的新疆，建设抗日大后方。母亲毅然放弃了大城市的生活，与父亲同行。抵疆后，父亲创办了新疆学院，培养抗日人才，到全省各地宣传持久抗日方针，日夜忘我工作，成绩卓然，却遭到军阀盛世才的嫉恨。20 世纪 40 年代初，国际法西斯势力猖獗，盛世才投机叛变，大批杀戮在新疆的共产党人和爱国人士。父亲亦被软禁、逮捕、酷刑致残，又被从数丈高墙推下，粉身碎骨，复被灭迹。噩耗传来，令人肠断。此前，宋庆龄、宋子文、周恩来、高崇民曾多次电报、书信、人去，均未救出。抗战胜利之夜，母亲泪洒声声爆竹。

情归老宅

　　1946 年春，母亲身心俱创，带着我们——被盛世才用细菌迫害成疾的三个幼儿——回到上海，回到老宅。那时我们还小，不能体会母亲回到这"人去楼空"又处处存有父亲音容笑貌的昔日婚房，"无处话凄凉"的心境。看到母亲泪流满面，还要求她给我们反复弹奏夏威夷吉他，以减轻一点我们药石罔效的结核病苦。不久，孤儿寡母陷入了贫病交迫、祸不单行的厄运：1948 年我们被逐出老宅，又相继病重——我①结核性胸膜炎、高烧；弟弟结核性腹膜炎，手术；妹妹结核性脑膜炎，病危（后又派生出许多终生难愈的痼疾），从此数十年以医院为家。20世纪 60 年代，周总理为妹妹的疑难重症，组织全国名医电话会诊，使七次病危的她，至今笑傲死神；母亲长年护理病儿，衣不解带，三餐三把花生米充饥，终于心力交瘁，花甲之年罹患两种癌症。她幼年丧母，中年丧夫，晚年身患绝症，又遭丧子之痛。80 年代初，胡耀邦同志亲示上海医务界"全力抢救"，母亲竟延活 18 年。邓小平、胡耀邦、江泽民等同志先后为父亲题词缅怀；而中央政府为父亲百年诞辰隆重纪念之际，正值母亲再次恶疾的最后日子，她写下这样一段文字："回顾往事，悲从中来，夫离子散，家破人亡。然而这是祖国蒙难所带来的必然结果，覆巢之下，焉有完卵，我和子女无怨无悔。"

　　改革开放之初，我们被批准去香港，在国外亲戚及父亲生前好友的资助下，先后开设了以父亲名字命名的远源有限公司和杜氏贸易公司。最初我们做过房地产生意，可被"无怨无悔"的母亲坚决地阻止了，因

---

　　① 文中"我"指杜毅。

为她认为这门生意对国家贡献不大，不能够报答党和政府对我们的悉心照顾和关怀，更有愧于为国献身的父亲。母亲说，经商也要利国利民。基于当时国家水电供应出现的"瓶颈"，母亲支持我们选择了时间长、风险大、回报小，又极其辛苦的基础设施建设作为自己的事业，利用海外关系，为国家招商引资，牵线搭桥，兴建大型水电工程。我们都患有难愈之疾，虽服重药，病况有增无减。我们常年靠化妆掩去病容，穿华衣、坐汽车、住宾馆，很少有人知道我们内心的沉重和病体的痛苦。但是，父亲的目光和母亲的嘱托，鼓励着我们往返于谈判桌和医院病房之间，支撑着我们战胜数不清的困难和挫折。外国专家说，进行这样的大型基础设施建设，每做一次，就仿佛下了一次地狱，我们躬亲其苦，才深有体会……

在香港定居的我们，回沪商务洽谈结束，坐车经过淮海路时，总会让车减速，徘徊于梧桐树下，老宅大门前。悲情往事，幕幕回放。高堂不在，儿可远行，尤其是被病魔折磨的我们。然而近年来，党和人民深情缅怀我们的父母，我们得以一次次重温祖国苦难而坚强不屈的历史。当年父母的灾难痛苦，不知比我们沉重多少。党和国家领导人也对我们姐妹寄予关心与厚爱，经常来人来函问候病情，深情厚谊鼓舞着我们：多一份拼搏，少一份沮丧，有病也要争取多为社会作贡献，让父母一生期盼的祖国山河永远如画。

珍藏老宅记忆

父亲在新疆被软禁期间，遗憾无法亲自教导儿女，便以我的名义写下四本《孩子日记》，内有许多爱国英雄的小故事和励志格言，告诉孩子要热爱祖国、热爱生活。在最后一本日记里，父亲留给我一封信："小丫儿：爸爸要很久很久离家了，还会记得爸爸吗？想爸爸时，去要妈妈给爸爸画张像伴你左右。妈妈多才多艺，用心画出的像，一定比照相馆里拍出的好看……"父亲被害后，母亲果然在当地画出好几幅我与父亲的"合影"。其中一幅，与后来母亲带着子女回到上海，我在老宅大门前玩耍的情景一模一样：我头上系着蝴蝶结，在盘花门外，人行道上，我骑着小车追赶梧桐落叶。不同的是，画里，我童车旁，有父亲呵护，而画外，没有了父亲……

看着老宅，父母昔日寓所挂着爱国主义教育基地的灿灿铜牌，我们仿佛又置身于儿时老宅的后花园，樱桃红，芭蕉绿，这也是祖国大花园的一角，失怙的我们一直身处病苦，心在春风拂柳中，珍爱和平，让这来之不易的良辰美景定格。

老宅记忆里的滚滚车轮，载着父亲"为国情深"的情怀扬风向前驶去，驶去……

草色入帘青

——杨宪益与小金丝胡同 6 号院

曾小丹　胡福星

　　晚霞收去了它最后一缕恬淡的金辉。

　　2009 年 11 月 23 日，著名翻译家、外国文学研究专家杨宪益因颈淋巴癌抢救无效在北京煤炭总医院去世，享年 95 岁。

　　因为西城区政协要编辑出版一本名为《金丝套》的书，又因为杨宪益先生就住在金丝套地区的小金丝套胡同，我们有幸于今年 8 月中旬的一天走进这位大师的家中，一领这位翻译大家的风采。不知我们是否是最后采访过先生的人，只是感觉先生走得很突然。现在回想起来，先生亲切的笑容仿佛还在眼前，先生平易的话语依稀还在耳边。下面的文字便是我们访后的成文，表示我们对大师的怀念。

一、房不在高，有人则名

　　记得当时问过先生一个问题：最残酷的莫过于时间，它使大师们一个个离我们远去，而作为中国翻译界依然健在的资格最老的大师之一，先生对生死之事有何感慨。"怕什么，都这么老了"，杨老先生当时平淡地说。

北京是个奇怪的城市，大城市的繁华和小城市的悠闲可以用胡同这种独特的方式联系在一起，杨先生就住在北京众多胡同中的一条。炎热的夏天，当我们寻访杨先生一路走来时，就体验了从酒吧林立、游人如织的后海湖畔，到只闻鸟啼的胡同深处的奇妙旅程。

杨先生与女儿杨炽一家在小金丝胡同 6 号院已经住了十年。十年，说长不长，说短不短：长到物是人非，杨先生的老友纷纷离世；短到十年之间小金丝胡同 6 号院里平平淡淡，没有任何波澜。或许这正是已到晚年的杨先生所期望的吧。杨先生的小女儿杨炽提到，当时买下这里就是因为附近环境好，很安静，胡同很窄，很深，外面的喧嚣仿佛是属于另一个世界的，而这里正如世外桃源一般。

据说原来这处房子是属于一个李姓中医世家的，后来因为家庭变故才决定出卖。原来的房屋建于 20 世纪 40 年代，院落东西狭长，大约 260 平方米。杨先生一家买来后进行了翻盖，把原本仅有的几间平房翻建成了现在的复式结构。当然还是遵照了老房翻新屋檐不得高于原房设计的规定。中西合璧的完美在杨家的家居中再次得以体现。

我们走进客厅，看见杨先生正安详地坐在沙发中，已经 95 岁高龄的他面对我们的来访微微一笑，那笑很平和，那是经历过太多大起大落、悲欢离合的睿智老人才能露出的笑。

杨宪益先生一生可谓命途多舛。他家世不俗，是书香门第，官宦世家，父亲曾任天津中国银行行长。可作为"大公子"的杨宪益被迷信地当成白虎星降世，不幸的是，五岁时父亲就撒手人寰，多年以后在"文革"冲击下儿子也精神失常自焚。先生自己的大半生也是时运不济，携英国妻子留学归来只为抗日，却因日本侵略和家道中落不得不为生计奔波。他先在中央大学以教书为生，却与当时最进步的西南联大失之交臂。未几，国民党的统治就压得他喘不过气来，夫人戴乃迭甚至被当成英国共产党的特务！几经辗转，他们终于在梁实秋领导的国立编译馆安顿下来，从此开始了数十年如一日的翻译工作。虽然放弃了原本的专业（杨先生大学学习的是希腊和拉丁文学），可二人珠联璧合，造就了中国近现代翻译史上绝无仅有的中西合璧的夫妻档。

如今的杨先生已经经历了太多的苦辣酸甜，他只是安静地坐着。早些时候他还能去潘家园淘淘古玩奇石，还能与老友饮酒吟诗。可是现在老友纷纷故去，自己的身子也不再灵便，他唯一的活动就是安静地坐着，窗外的微光拂过他的面颊，映入他微闭的双眼，眼神淡然的他仿佛悟道的高僧。

二、地不在多，有花则灵

在这繁华的大城市中，自然的气息显得弥足珍贵，杨炽女士也很了解这点。她将这个小家的里里外外都用花草点缀起来，我们一进门就注意到了那一人多高的美人蕉，紫苏和薄荷衬托其下，生机勃勃，兼具驱除蚊虫的功效，在这毗邻后海的胡同里更显其价值。听杨炽女士说，朋友们经常过来利用后花园聚会烧烤，这时那紫苏和薄荷还可以拿来当作烧烤作料，可谓一举多得了。

房屋与南北两侧的院墙都留有约一米的走道，南侧院墙上绘画了许多海底生物，据说这是友人聚会时奉杨先生命题而作。院墙与房屋的墙壁上缠绕着凌霄和爬山虎，鲜红色的凌霄花随处可见，"万绿丛中数点红"，如果没了这红色，想必也会枯燥乏味吧。

穿过走道在院子的东边是杨家的花园。花园不是很大，但是很充实，各种花草俯拾皆是，有一些是常见的园艺植物，比如四叶草，那白色的花虽然小，其香气却让人难以忘记；有一些看起来眼熟却不知道名字的，比如桔梗；有一些则是从来没见过的，其中一种紫色叶子的植物吸引了我们。问了杨炽女士才知道它叫酢浆草，是种草药，也可以生吃。我禁不住摘了一片叶子嚼了一嚼，酸酸的味道让我想起了十几年前在家乡常吃的一种野菜。此外还有挺拔的香蒲，婀娜的牵牛花，茂盛的蚂蚁菜花随处可见，平易近人。诗人说："一沙一世界，一花一天堂。"佛曰："一花一世界，一叶一菩提。"从花中可以看到一个世界，信哉斯言。

顺着一道螺旋形的楼梯，我们爬上了屋顶，原来主人巧妙的设计使这座面积不大的坡形屋顶建筑的顶端留下了一块三米见方的小空地，摆着许多花盆，盆里种的却不是花，而是各种辣椒，红红绿绿的。我本想摘一只尝尝，却被好心的杨女士劝阻了。她说这种辣椒之辣很少有人能忍受，这里种的各种辣椒是为了制作一种辣椒酱，要将许多辣度各不相同的辣椒混合在一起，方能入口。

三、斯非陋室，其德亦馨

回到室内，我们得以仔细观察这座"陋室"——其实虽非豪华，但也并不简陋，以"简朴"名之，大概恰如其分了。

房子的建筑风格是中西合璧的，主要的设计者还是杨炽女士自己。客厅里的陈设算得上是古色古香，全套的旧式木制家具，唯一"现代"一点的家具就是一高一低两个书柜了。书有厚有薄，从一排排英文原著，到两寸多厚的英汉大词典，再到古旧的线装书，中外文化在这里交融在了一起。两个书架之间的博古架上摆满了瓷器、奇石等物件，最引人注目的就是最上层杨先生与夫人的合影了，从这张黑白的老照片中我们仍可看到先生当年的风采。而问及那众多瓷器时，杨炽女士回答说都是些观赏品而已，真正珍贵的文物已经全部捐献给国家了。另外我们发现一只栩栩如生的白虎，原来是先生生日时收到的礼物。《白虎星照命》，这是先生自传的港版书名，当年先生母亲的语言不幸言中，如今回想，先生能以"白虎星"坦然自嘲，可谓胸怀坦荡。

客厅西侧和北侧的墙壁上挂着一些字画，多数是朋友送给杨先生的礼物，其中很显眼有一幅百寿图，是以篆体写出一百个形态各异的"寿"字，字体工整，很耐观赏；还有一副王世襄先生赠送的对联，上曰："从古圣贤皆寂寞，是真名士自风流。"杨先生觉得这副对联有过誉之嫌，于是在另一幅友人赠送的漫画像中提笔写下："难比圣贤，不甘寂寞，冒充名士，自作风流。"

客厅东侧靠墙建了一道楼梯，上去则是杨女士儿子的卧室。而从客厅再向东，走下几级台阶，这里就是杨女士工作和休息的地方，也是整个家中除了厨房，唯一现代气息比较浓厚的地方了。一张长书桌，一边摆放着一台宽屏液晶电脑，一边是光盘柜。

客厅向西行，经过厨房，是杨先生的卧室。一进门我们就看到了塞得满满的一只书柜，已经有些老旧了，但保存得仍然很完好。杨先生似乎特别喜欢各种工艺品，我们单单在这个小小的卧室里就看到了两只羚羊角，西侧唯一一块面积较大的墙壁上挂了一张很大的挂毯，挂毯下接茶几，茶几上又是各种工艺品，还有两幅画像，是杨先生和他的夫人。这是学艺术的外甥女画的，看来这个古老书香门第的传统还会继续传承下去。

西侧靠墙是杨先生休息用的木床，床上方的墙上挂着一幅字，内容是杨先生的七言律诗《天葬》：

早期比翼赴幽冥，不料中途失健翎。

结发糟糠贫贱惯，陷身囹圄死生轻。

青春做伴多成鬼，白首同归我负卿。

天若有情天亦老，从来银汉隔双星。

　　这是杨先生一首缅怀过世妻子的诗，60 年来杨先生与夫人相濡以沫，虽然夫人已先走一步，我们也能体会到，杨先生与夫人之间斩不断的情缘。

　　杨先生的夫人戴乃迭，原名格莱蒂丝·玛格丽特·泰勒（Gladys Margaret Tayler），她的父亲泰勒是一位有献身精神的英国传教士，母亲也是虔诚的基督教徒，他们早年就来到中国从事人道主义活动，并是"工合运动"最早的发起人之一。她本人于 1919 年 1 月 19 日出生在北京，因此自幼就对中国、对北京有着浓厚的感情。她热爱中国文化，痛恨侵略中国的日本。她是牛津大学第一个取得中国文学硕士学位的毕业生，在大学期间作为杨先生的秘书一起组织中国学会的活动，二人慢慢地走在了一起，并在毕业时决定和杨先生一起回到中国，这一来就是大半个世纪的风风雨雨。患难见真情，当年杨先生明确表示回国就是去"吃苦"的，夫人还是义无反顾地放弃英国安逸优越的生活，来到遥远的东方。战争爆发，英国领事馆收回了夫人的英国护照，官僚作风的国民党政府又拖着不让夫人入中国国籍，这事就一直拖到了解放后，"文革"中有人竟以此诬陷夫人是英国特务……

　　即使是这样，先生和夫人还是从来都在一起，无论是作为翻译家，还是作为夫妻。唯一的例外只有在"文革"那个荒唐的年代，二人同在一所监狱却无法见面。但是这些苦难，包括痛失爱子，他们都互相扶持着。之后是 20 年的平淡生活，物质匮乏慢慢消失，精神上的创伤却只能用时间抚平。经历过大风浪的夫妻把一切都看淡了，先生收藏的各种文物全部捐献给了国家，甚至手稿也送给友人，这就是先生和夫人一贯的作风，甚至在抗美援朝那个大家都不富裕的时代，他们还用手上已经不多的财产捐献了一架飞机！

经历了这么多的苦难，当问及杨先生有没有对当初回国的决定后悔时，杨先生一改随和的语气，以无比坚定的声音说："不会！因为我是中国人！"一颗赤子之心，在杨先生的胸膛里仍然有力。

小金丝胡同 6 号院落，原本极为平凡。然而因为杨先生的居住，使它承载的故事丰富了许多，只是没有了动荡，平添了更多的回忆。它躲在小金丝胡同幽静的深处，却将历史和今天一并蕴藏。

天津租界里的名人旧宅

———————

张绍祖

自甲午战争伊始，中国政局常常动荡不息，无论是清室皇戚贵胄，还是北洋各派军阀，或是民国官僚政客，一旦政治上失势之后，便纷纷麇集天津，托庇于外国势力，在租界里建造豪华住宅，或息影颐养天年，或准备东山再起，由此在天津租界里相继出现了许许多多不同风格的"小洋楼"。

黎元洪旧宅 民国初期的国家元首黎元洪，于 1923 年下野后即隐居天津，一心从事实业投资活动，安度晚年，黎在津有寓所两处：一在英租界盛茂道（今河北路 283 号，已拆）；一在德租界威廉街（今解放南路 256 号市政协址，已拆），另外在英租界博罗斯道（今烟台道）还有一座私人戏院（今小光明影院址）。

德租界寓所也称黎氏"容安别墅"，为一座花园住宅，包括一座西式三层楼和几间附属平房，共 44 间。室内装修讲究，一楼是大厅、音乐厅、饭厅等；二楼是卧室、书房；三楼是卧室和使用间。院内花园建有喷水池、凉亭、石雕像、花窖等，还饲养孔雀两只，供黎在茶余饭后

黎元洪在天津德国租界的旧居

观赏散心。

　　黎元洪非常好客，常在花园寓所及私人戏院接待中外宾客。1924 年 12 月 4 日，孙中山第三次到天津，黎在容安别墅设宴招待孙中山先生和夫人，但孙中山突然发病，由夫人宋庆龄代表赴宴。转年 3 月 12 日，孙中山不幸病逝，黎甚感悲伤，在容安别墅设灵堂祭奠孙中山。1926 年世界青年会组织来津，约有 2000 人之多，黎元洪热情接待，并为每人备茶点一份。黎在寓所还接待过美国木材大亨罗伯特·大来，美国钢笔大王派克、英国报业巨子北岩公爵等，派克曾特制一支朱砂色金笔送黎，并请黎用这支笔为其签字留念。

　　1925 年 6 月 3 日，黎元洪病逝于天津英租界寓所，他心爱的一只孔雀亦突然死去，被家属视为奇事。黎的灵柩后暂厝于容安别墅，1933 年运回武昌，1935 年 11 月 24 日举行了国葬。

　　冯国璋旧宅　冯国璋于 1890 年在天津北洋武备学堂毕业留校任教，

冯国璋旧居

他与王士珍、段祺瑞被并称为"北洋三杰"。1917年张勋复辟失败后,他以副总统名义代理大总统,翌年去职。他有两妻(原配吴夫人,继配周夫人)两妾,在天津有两处寓所。一处在奥租界二马路与沿河马路交汇处(今河北区民主道50～54号和海河东路花园巷),是冯氏于1913年购自奥工程师布吕纳的三所楼房,1915年委托一位德国工程师按原建筑风貌进行扩建,同时还修建了一座花园,人称"冯家花园"或"冯家大院",该寓所共计有楼房110间,平房15间,建筑面积3950平方米。另一处在今河北区四马路、宇纬路拐角处(宇纬路6号),计有楼房24间,平房47间,也是一座花园式别墅。

徐世昌旧宅 徐世昌是北洋军阀统治时期唯一的"文治总统"。徐家故居在天津东门里二道街路南的一处平房,徐世昌就出生在这里。

徐世昌于1922年因直系曹锟恢复旧国会,被迫辞职隐居天津,徐是清末进士出身,曾两次任军机大臣,在天津早就置有房地产,任大总

徐世昌旧居

统期间又置了一些房地产。他在英租界咪哆士道（今和平区泰安道，此
房已拆除）和牛津道（今和平区新华南路 255 号，毛纺管理所；新华南
路 257 号，新华南路小学）有两处寓所。

牛津道寓所建于 1927 年，徐先用堂名"宝墨堂徐"购得英租界空
地 15.357 亩，修建了九所住宅，共 181 间，4052 平方米。九所住房虽
然在一块基地上，但各有独立性，徐世昌住一所，眷属分住八所。

徐世昌住的是单独一个大院，院内是一座西式三层楼房，混合结
构，其别致的凹字形陡削瓦屋顶与长弧形欧式观赏露台，相互衬托，具
有鲜明的英式别墅建筑特色。一楼是客厅、休息室、饭厅、更衣室、洗

澡间；二楼有卧室、办公室、书房、内客厅；三楼是屋顶间。

徐世昌平时在二楼书房里著述、绘画、写字、吟诗。徐信奉道教，特别崇拜吕洞宾，在室内设吕祖像，午睡后在吕祖像前叩头 100 个，天天如此，从不间断，并静坐练气功。

徐世昌乐于在住宅空地上开畦种菜，自诩为"解甲归田"，并曾拍摄照片，题名《退耕图》。

曹锟旧宅　曹锟，天津大沽人，天津北洋武备学堂毕业，1923 年贿选当上大总统。1924 年直奉战争中，冯玉祥发动北京政变，囚曹锟于延庆楼。一年后，国民军退出北京，曹锟始获自由，隐居天津英国租界，作超等寓公。

曹锟先后娶了四个老婆：原配郑氏，后娶高氏，再娶陈寒蕊，最后纳妾刘凤伟（坤伶九岁红），其中以陈寒蕊、刘凤伟最得宠。1925 年曹寓居天津，先与陈寒蕊住在英租界盛茂道（今和平区河北路 34 中学址）公馆，后移往刘凤伟所住的英租界达克拉道（今和平区洛阳道）公馆。

当时陈、刘之间争宠争财，矛盾尖锐，终于在 1929 年除夕前，在达克拉道公馆里大打出手，陈寒蕊被打伤。陈恶气难咽，遂买通英租界工部局职员和巡捕，雇了一批流氓打手，又用了一万元聘请美国律师法克斯作法律顾问，准备以武力进行报复。刘凤伟不甘示弱，也买通了英工部局另一部分人员和巡捕，雇了一批流氓打手，在住宅周围日夜巡逻，持枪警戒，如临大敌。双方僵持多日，最后由曹锟五弟曹钧出面竭力疏通，才结束了这一场"家庭战争"。

1937 年"七七"事变后，华北沦陷，日伪汉奸曾以高官厚禄引诱曹锟出山充当傀儡，曹不为所动。1938 年 5 月 17 日曹锟病死于本宅，国民党政府因曹保持晚节，于 1938 年 6 月 14 日对其褒奖，追赠为陆军

曹锟旧居一角

一级上将。

张绍曾旧宅 张绍曾 16 岁时考入天津北洋武备学堂，毕业后又被保送去日本士官学校炮科深造，1923 年 1 月任北洋政府第 23 届国务总理兼陆军总长。

张绍曾 1923 年 6 月下台后，息影天津，住英租界威灵顿道南头（今河北南路第五中药厂址），另在日租界中孝里、裕德里等有房产。

张绍曾与冯玉祥为儿女亲家，关系极为密切。1926 年 9 月，冯玉祥从苏联回国，张自设电台，每日与冯联系，向冯提供情报。张作霖发觉此事后遂生杀害之意。1928 年 3 月 21 日，由直隶督办公署参议赵景云出面，在天和玉饭庄宴请寓津的下野名流，特意邀请张绍曾参加。饭后赵景云又约张到彩凤班喝茶，这时有个仆役打扮的人手拿信件要面交张总理。张绍曾闻报从室内出来，那人突然迎面开枪，张当即倒下，并于次日晨死去，年仅 49 岁。冯玉祥将军在《我的生活》一书中，对张绍曾做过这样的评价："公公道道地说，张先生实为革命最忠实的朋友。

张绍曾旧居外景

他身冒危险，大量地垫钱，什么也不图，只要助成北伐革命。张先生之死，系为革命牺牲，他的功绩是值得纪念的。"

顾维钧旧宅 顾维钧是一位杰出的外交家，他在北洋政府历任外交总长、财政总长，两次代理内阁总理，一次实任内阁总理。在此期间，他与张作霖、张学良父子颇有交谊。张学良在天津英租界威灵顿道专门设计了一所用红砖砌成三层带地下室的西洋古典式的洋楼（即今和平区河北南路 267 号，民革天津市委员会址），赠给顾作住宅。

该楼共有楼房 45 间，平房 2 间，建筑面积 1400 余平方米，混合结构，木架屋起脊，木楼板楼梯，双槽玻璃窗。整所住宅设备考究，二楼、三楼设有平台，院内种有各种花木。

顾维钧与天津关系至深。他的第二位夫人就是曾任天津海关道的唐绍仪之长女唐宝玥；他的第四位夫人严幼颖曾肄业于天津中西女学；他的长女顾菊珍也是天津中西女学的学生，后供职于联合国。80 年代以

顾维钧旧居外景

来，其女曾数次访问天津，并前往顾维钧故居参观。

梁启超旧宅 梁启超是我国近代著名的资产阶级思想家和学者，"戊戌变法"运动的中坚人物，与康有为齐名。辛亥革命以后，梁曾出任北洋政府的司法总长、币制局总裁、财政部长等职，也曾在清华大学和南开大学任教。

鉴于当时国内局势动荡，梁启超决定"永住津，不住京也"，遂在意租界西马路请著名建筑师白罗尼欧设计并建造了一幢具有意大利风格的寓所（今河北区民族路44号），1914年建成，1915年举家迁来天津。他在二楼辟一大间做书斋，起名"饮冰室"，在此他曾与蔡锷将军策划过反对袁世凯称帝的武装起义。"饮冰"一词，始见于《庄子·人间世》："今吾朝受命而夕饮冰，我其内热与?"梁启超受光绪帝命变法维新，内心焦灼，故饮冰以解"内热"，宣传变法维新。

1924年，梁启超又在寓所右侧建造了一幢饮冰室书斋（今河北区

梁启超旧居外景

民族路 46 号），造型独特，精致典雅。梁启超在饮冰室书斋先后写了
60 多篇著作，如《清代学术概论》《老子哲学》《中国近代三百年学
术史》等，都受到学术界的重视。1928 年 9 月，他因病住院，未等痊
愈，便急于出院回饮冰室去完成《辛稼轩先生年谱》，翌年 1 月 9 日
病逝。

张学良旧宅　1924 年 11 月，张作霖打败吴佩孚，奉军入关，张学
良指挥的奉军第三、四方面军司令部设在天津，从此"少帅"与天津结
下因缘。初到天津时，他住在利顺德大饭店，后来买下了法租界丰领事
路一座欧洲风格的三层灰色洋楼做了公馆（今和平区赤峰道 78 号市农
资公司侧院少帅酒楼）。这所建筑造型美观、豪华、大方。前楼二、三
层有屋顶平台，室内宽阔考究，内部楼梯、地板、门窗均采用菲律宾木
料。院内广植花木、草坪。

张学良在津期间与赵四小姐开始热恋，到 1929 年的春夏间，便
相约去沈阳北陵秘密同居。这就是当年轰动一时的"赵四失踪"
事件。

张学良旧居

章瑞庭旧宅　章瑞庭是天津著名实业家，早年开办恒记德军衣庄。他与张作霖关系极为密切，东北军的军装完全由恒记德承做。后章又开办了恒源帆布工厂、恒源纺织股份有限公司。他热心教育，曾资助南开学校教育基金 10 万元，南开中学因将该校礼堂命名为"瑞庭礼堂"。1936 年间，天津华资筹办的纱厂大都因受日本纱厂的倾轧，相继亏损难以维持，而被日商兼并，章则表示"宁愿少卖钱，也要卖给中国人，而不卖给日本人"，遂以 68 万元贱价将恒源转让给华资经营的庆孚公司，以维系中国民族工业。

章瑞庭住在前法租界霞飞路（今花园路）南侧的一所花园庭院住宅（今花园路 9 号，天津商会）。该楼具有西洋古典建筑风格，主楼是砖木结构，共计三层，另加地下室和楼顶间，楼顶四周有宝瓶式的透空栏杆。正面前廊入口处为一大花厅，上设透明玻璃顶，下铺黑白相间的大理石地面，中间为喷水池。全部楼房均系细木地板，双槽窗。地下室系

章瑞庭旧居

锅炉房、厨房、贮藏室和存煤库。后院平房是仆人居室、汽车库、杂物室等。前后院均用水泥方砖铺地，前院内有藤萝架和小木亭一座，有荷花池、假山和走廊一条，通往前后院的甬道又有葡萄架遮阳。

　　以上虽为点滴介绍，但昔日天津租界里的这些小洋楼，作为一代名流的历史陈迹，至今仍是现代大城市中一道亮丽的人文景观。

（天津市政协文史办供稿）

图书在版编目（CIP）数据

故居留芳／刘未鸣，刘剑主编 . — 北京：中国
文史出版社，2018.7

（纵横精华 . 第一辑）

ISBN 978 - 7 - 5205 - 0396 - 9

Ⅰ . ①故… Ⅱ . ①刘… ②刘… Ⅲ . ①名人—故居—
介绍—中国 Ⅳ . ①K878.2

中国版本图书馆 CIP 数据核字（2018）第 138752 号

责任编辑：胡福星

出版发行：**中国文史出版社**

社　　　址：北京市西城区太平桥大街 23 号　　　邮编：100811

电　　　话：010 - 66173572　66168268　66192736（发行部）

传　　　真：010 - 66192703

印　　　装：北京朝阳印刷厂有限责任公司

经　　　销：全国新华书店

开　　　本：787 × 1092　1/16

印　　　张：13

字　　　数：161 千字

版　　　次：2018 年 8 月北京第 1 版

印　　　次：2018 年 8 月第 1 次印刷

定　　　价：42.00 元